北京市民语言文化阅读书系

总主编 贺宏志

奇妙的成语世界
——成语文化读本

袁钟瑞 杨学军 主编

走进成语世界 感受语言魅力

商务印书馆
The Commercial Press

2016年·北京

图书在版编目(CIP)数据

奇妙的成语世界:成语文化读本/袁钟瑞,杨学军主编.—北京:商务印书馆,2015(2016.9重印)
(北京市民语言文化阅读书系)
ISBN 978-7-100-11183-6

Ⅰ.①奇… Ⅱ.①袁…②杨… Ⅲ.①汉语—成语—通俗读物 Ⅳ.①H136.3-49

中国版本图书馆CIP数据核字(2013)第063795号

所有权利保留。

未经许可,不得以任何方式使用。

奇妙的成语世界——成语文化读本

袁钟瑞 杨学军 主编

商 务 印 书 馆 出 版
(北京王府井大街36号 邮政编码 100710)
商 务 印 书 馆 发 行
北 京 冠 中 印 刷 厂 印 刷
ISBN 978-7-100-11183-6

2015年4月第1版	开本 880×1240 1/32
2016年9月北京第3次印刷	印张 11¼

定价:29.80元

北京市民语言文化阅读书系编委会

主　任：李　奕

副主任：贺宏志

委　员（以姓氏笔画为序）：

　　　　王立军　安晶晶　张维佳

　　　　杨学军　陈　鹏　周洪波

　　　　周建设　袁钟瑞　解小青

总主编：贺宏志

《奇妙的成语世界——成语文化读本》

主　编：袁钟瑞　杨学军

顾　问：谭汝为

编　者：范燕生　胡　晓　奚咏梅

　　　　于　晴　刘　征　陈汉东

　　　　王利利　李赫宇　赵　晴

　　　　章力红　杜琪方　伍　辉

总 序

北京是我国"八大古都"之一和当代政治、文化中心，拥有七项世界遗产，是世界上拥有文化遗产项目数最多的城市。作为一座有着三千余年建城史、八百六十余年建都史的历史文化名城，文化积淀灿烂芬芳。语言作为文化的核心内容，是非物质文化的主要载体，也是所有物质文化的解读体。在北京地域文化中，蕴含着丰富的语言文化资源。为做好北京语言类非物质文化遗产保护工作和传承独具特色的京味语言文化，同时也为北京市民开展丰富多彩的社区语言文化活动提供学习参考读本，"北京市民语言文化阅读书系"应时而生。我认为书系的策划者、组织者、编撰者做了一件很有意义的事情。

书系旨在以生动鲜活的文例，向读者普及语言文字应用规范及历史文化内涵，提供优质的语言文化精神食粮，丰富北京市民的语言文化生活；旨在提炼与北京文化相关的语言文化精华，引导读者领略京味文化的情与趣；旨在为读者提供宣传、弘扬北京语言文化的优质素材，从而使大家从语言文化视角熟悉北京、喜爱北京。

书系选材涵盖古都成语、京腔京韵、京城新语、京味美文、京华地名、北京俗语、古迹文踪、古城书法等方面，内容丰富、图文并茂、意趣盎然，体现了科学性与趣味性的统一、知识性与京味儿的统一、深挖掘与接地气的统一、小薄本与大文化的统一。我作为一名资深北京市民，得以预览书稿，颇觉先睹为快、开卷有益，每一册恰如一道北京的特色小吃，京味芳香。

"最是书香能致远"。阅读既是提升语言能力的途径，也是语言能力的表现。2014年6月，由中国政府与联合国教科文组织共同举办的世界语言大会在苏州举行，来自一百多个国家和地区的约四百位代表围绕"语言能力与人类文明和社会进步"这一主题,就语言能力与社会可持续发展、语言能力与语言教育创新、语言能力与国际交流合作等议题进行讨论,达成了"语言能力是激发文化活力,促进认知发展,推动社会进步和经济繁荣的根本因素""以科学研究带动语言教育创新,从而提升语言能力""促进人民、机构、国家之间的交流和学习是提升语言能力的重要途径,语言能力的提升也有利于促进人民、机构、国家之间的交流和文明互鉴"等一系列重要共识。语言能力是个体综合能力的基础与核心,阅读应该成为每个人的生存状态与生活方式。

推动全民阅读,是提高国民语言能力的必由之路。党的十八大报告首次将"开展全民阅读活动"纳入我国社会主义文化强国建设。去年和今年的全国"两会","全民阅读"连续写进《政府工作报告》。李克强总理在十二届全国人大三次会议所作《政府工作报告》中强调"倡导全民阅读,建设书香社会"。3月15日,李克强总理答记者问,谈到"全民阅读"两次写进《政府工作报告》时表示,现在我们国家民众每年的阅读量还不到有些国家人均的十分之一,希望全民阅读氛围能无处不在,这有助于发展创新力量,增加社会道德力量。

建设书香社会,是提高国民语言能力的基础工程。这一工程需要一支庞大的会阅读、爱阅读的人群加入,并充分发挥引领作用。近年来,北京市大力扶持"公共阅读空间"。2014年4月23日(世界读书日),北京三联韬奋书店开始实行24小时营业,到年底盈利增长了130%,受到社会各界关注,也逐渐成为北京一个新的文化地标。

提供更多优秀文化作品,是提高国民语言能力的重要保障。正如习近平总书记指出:"我们要通过文艺作品传递真善美,传递向上向善的价值观"。包含诗词、书法、成语等语言文化在内的中华优秀传统文化是我们取之不竭的精神源泉,其中承载着强大的道德力量。

作为一名教育学者,我认为"北京市民语

言文化阅读书系"的推出，也是对社会教育的贡献，有助于北京市民终身学习的发展和北京学习型城市的建设。书系在4月23日世界图书日首发，并启动"北京市民语言文化阅读季"，是对"倡导全民阅读，建设书香社会"主张的积极响应和贯彻落实，立意可谓高远，定位可谓精准，行动可谓扎实。诚望这一活动可持续开展，切实走进社区、走进家庭、走进学校，结出累累硕果。

商务印书馆作为我国文化传播界的重镇，精心出版"北京市民语言文化阅读书系"是一项很有眼光的举措。希望"北京市民语言文化阅读书系"不断丰富，真正成为广大市民群众爱不释手的文化读本。

是为序。

2015年3月22日

引 言

你喜欢成语吗?我想,你的回答一定是:"当然喜欢!"

是啊,汉语是世界上最优美的语言,也是最富有表现力的语言。而最能集中体现汉语特色的词语,就是成语。

成语有的来自神话传说(如"愚公移山、八仙过海"),有的来自寓言故事(如"自相矛盾、望梅止渴"),有的来自历史典故(如"一鼓作气、草木皆兵"），有的来自经典诗文（如"不耻下问、集思广益"），有的来自古代小说（例如"谢天谢地、小家碧玉"），琳琅满目，美不胜收。

成语字数简洁、结构凝练、语音和谐、形象生动、说理深刻、亦庄亦谐，千百年来为广大人民群众喜闻乐见。人们在写文章时，发表演说时，甚至日常生活中的对话，都常常用到成语，有的成语会脱口而出，收到言简意赅、事半功倍的表达效果。毫不夸张地说，成语已经成为我们学习、工作、生活离不开的语言营养。

但是，你真的了解成语吗？

由于绝大多数成语时代久远，人们往往对成语只知其表，不知其里，或者不知道其来源出处，或者不了解其含义发生过什么变化，或者望文生义而用错成语，或者读错成语，写错成语。比如不知道形容过时的事物该说"明日黄花"还是"昨日黄花"，不知道"空穴来风"是指"有根据的传言"还是"无根据的传言"。有个小学生用"度日如年"造句写了这样的句子："我们的生活幸福快乐，每天都度日如年。"

这本小书，带领你走进奇妙的成语世界。它将告诉你成语的形式、成语的结构、成语的修辞、成语的魅力、成语的来源，帮助你解读成语的趣味性、文学性、知识性、哲理性、思想性，帮助你澄清容易读错、写错、用错的成语。你会发现，成语世界是巨大的知识宝库，不愧是中华传统文化中的无价瑰宝。

书里还给你介绍五花八门的成语游戏，可供你玩味，供语文教学和语文竞赛选用。希望这本小书能使你深切地感受到成语世界的博大精深和无穷意蕴。

袁钟瑞

目 录

第一讲　成语素描 / 1
　　一　意蕴多层 / 2
　　二　结构凝练 / 10
　　三　"出身"古雅 / 16

第二讲　语林奇葩 / 22
　　一　经典故事会 / 23
　　二　鉴览古今人 / 32
　　三　人生小百科 / 35
　　四　修辞炼佳句 / 43
　　五　微言成大用 / 67

第三讲　琳琅宝藏 / 84
　　一　古代汉语研究的宝库 / 84
　　二　中华历史文化的家园 / 92

第四讲　形义流变 / 112
　　一　成语文字意义的变异 / 112
　　二　成语褒贬色彩的变异 / 115
　　三　成语结构顺序的变异 / 116

第五讲　成语探源 / 122
　　一　追根寻源 / 123
　　二　褒贬不一 / 163
　　三　都市名片 / 183

第六讲　成语辨误 / 196
　　一　不要读错 / 197
　　二　请勿写错 / 226
　　三　切忌用错 / 250

第七讲　成语游戏 / 268
　　一　猜猜谜 / 268
　　二　填填空 / 273
　　三　挑挑错 / 286
　　四　说说看 / 289
　　五　对对联 / 298
　　六　巧提炼 / 301
　　七　填空格 / 305
　　八　练接龙 / 310

【参考答案】/ 317

后记 / 343

第一讲
成语素描

汉语成语是汉语的重要组成部分，是常见且重要的一类熟语，是长期习用、意义整体化、结构定型化的固定短语。汉语成语大多来源于神话寓言、历史典故、诗文名篇等，世代相传、流传久远，蕴含着深厚的文化底蕴，是中华文化中弥足珍贵的奇葩。掌握和运用成语是语文教学和汉语习得的重要内容之一，也是衡量个人汉语素养的重要标尺。

一　意蕴多层

意蕴多层是汉语成语的重要特征之一。

有少数成语，整体意义和它的字面义基本一致，例如"积少成多、喜形于色、约定俗成、学而不厌、一视同仁、不拘小节"等。

但大多数成语，其语义并不等于表层的字面义，不能仅从字面上孤立地理解成语。例如"凤毛麟角"并不真指凤凰的毛和麒麟的角，而是借以比喻珍贵的人或珍稀的事物；"如意算盘"并不真指使用得心应手的算盘，而是借以比喻只从好的一方面替自己打算。

1. 字面义与深层义

先看两组成语：

第一组：

众口一词　众叛亲离　情不自禁　情投意合　情有可原　非同小可

第二组：

万马齐喑　鱼龙混杂　老蚌生珠　飞蛾扑火

死灰复燃 牝鸡司晨 萍水相逢

第一组成语的字面义就是成语的整体义。

第二组成语的真正意义，不是其字面义（即构成成分意义的简单相加），而是深层义（即在字面义的基础上进一步概括出的比喻性的整体意义）。例如：

"万马齐喑"字面义是"很多马都默不作声"，实际含义却是比喻"在高压下，人们都沉默无语"；

"鱼龙混杂"字面义是"鱼和龙掺杂在一起"，实际含义却是比喻"坏人和好人、凡人和圣人混在一起"；

"老蚌生珠"字面义是"多年的蚌生出珍珠"，实际含义却是比喻"老年得子"；

"飞蛾扑火"字面义是"飞蛾扑向灯火"，实际含义却是比喻"自寻死路，自取灭亡"；

"死灰复燃"字面义是"已熄灭的草灰再度燃烧"，实际含义却是比喻"失势者重新得势或已停止活动的事物又恢复活动"；

"牝鸡司晨"字面义是"母鸡打鸣报晓"，

实际含义却是比喻"女人篡权专政";

"萍水相逢"字面义是"浮萍飘在水面偶然聚集",实际含义却是比喻"素不相识的人偶然相遇"。

可见,成语的实际含义具有整体性,其典型的语义是隐含在字面义之后的深层义。

不了解成语字面义与深层义的关系,就会出笑话。例如:

"侧目而视"的字面义,就是"斜着眼睛看";深层义却是"形容畏惧或愤恨、敌视的神态"。某篇报道:"在特拉维夫,穿着比基尼在沙滩上溜达和玩水上滑翔的人比比皆是,那些路过的戴小毡帽的虔诚犹太教民也很少侧目而视。"是说犹太教民目不斜视,附近身着比基尼的女郎也吸引不了他们的目光。此文把"侧目而视"当成"目不斜视"的反义语,犯了望文生义的错误。

沙叶新小说《告状》,写一个叫杨鲁的男孩,告他父亲杨庆的状。他向父亲所在单位的领导指控说:父亲不让儿子"游戏人间",每天"画地为牢",要儿子"咬文嚼字",稍不满意,还要"入室操戈"。他声称:父亲打他总是"重于泰山",不像母亲打他"轻如鸿毛"。他指责父亲把他打得"犬牙交错""抱头鼠窜""屁滚尿流",并表示"庆父不死,鲁难不已"。作家故意让这个孩子只用成语的字面义去叙述表达,自然出现了一连串令人喷饭的笑话。

2. 比喻义与色彩义

(1) 比喻义

相当多的成语,其字面义构成一个比喻,而成语的整体义就是由这个比喻产生出的意义。例如:

成语	表层义 （字面义）	深层义 （比喻义）
石沉大海	石头沉入海底	比喻没有消息
字字珠玑	每个字像珍珠一样	比喻文章华美
枯木逢春	枯树遇到春天	比喻重获生命
巧舌如簧	舌头像琴的簧片一样	比喻能说会道
口若悬河	讲话像倾泻的瀑布	比喻口才好
一盘散沙	一盘松散的沙子	比喻不团结，没有凝聚力
以卵击石	拿鸡蛋去碰石头	比喻自取灭亡
春兰秋菊	春天的兰草和秋天的菊花	比喻各有秀美的特色
青出于蓝	靛青从蓼蓝提取（但颜色却胜过蓼蓝）	比喻学生超过老师
改弦易辙	改换琴弦，变更道路	比喻改变方向或做法

（2）色彩义

一些成语，感情色彩或褒或贬，泾渭分明，用时需谨慎。例如：

"有口皆碑"，出自宋代佛教典籍《五灯会元》："劝君不用镌顽石，路上行人口似碑。"这个"碑"，指记载功德的石碑。好人好事受到社会各界的普遍赞颂，称为"口碑"。因此"有口皆碑"是从正面歌功颂德的褒义成语。有的报刊报道，如"某路公交车服务之差是有口皆碑的""某菜市场缺斤短两、以次充好,有口皆碑"。用称赞好人好事的"有口皆碑"去形容缺点或负面行为,是成语误用。这两个例子中,当用"众人皆知"或"尽人皆知"。

"叹为观止",是赞美看到的事物好到了极点。出于《左传·襄公二十九年》,吴国公子季札在鲁国观看音乐舞蹈表演,当他看到舜时乐舞,赞美曰:"观止矣!"意为:好极了,别的乐舞就不必看了!后以"观止"赞扬所见事物尽善尽美,无与伦比。有些报刊文章却褒词贬用,如"某市的交通混乱令人叹为观止"。

"苦心孤诣",意思是费尽心血、刻苦钻研,达到了别人所达不到的境界。语出清人屈复《论诗绝句》:"苦将心力成孤诣,不敢随风薄宋元。"报刊文章如"我突然想起张之洞来,这位清末名臣为了维护封建主义,苦心孤诣地反对民主和自由",便是误用了褒义成语"苦心孤诣"。

将贬义成语用于褒扬,也是常见的语病。

"罄竹难书",是说将南山所有的竹子用完了,也写不尽某人的罪恶(因古人在竹简上写字）。比喻罪恶事实很多，难以说完。这条成语切不可用于褒义。当年，陈水扁在任时曾用"罄竹难书"来表彰台湾"义工"（志愿者）的功绩，因而引起台湾媒体的强烈批评和嘲讽。

"始作俑者"是说"最初用俑为死人殉葬的人"。语出《孟子·梁惠王》："仲尼曰：始作俑者，其无后乎！为其象人而用之也。"意思是：孔子对始作俑者切齿痛恨，诅咒说"大概会断子绝孙吧！"成语"始作俑者"，泛指恶劣风气的创始者。报刊文章："组织志愿者为社区空巢老人服务的始作俑者，是从某省某市学来的。"纯属猴吃麻花——满拧！

"群起效尤"，指很多人明知别人的行为是错误的还照样去做。多年前，天津市曾筹款600万元设立"青年作家创作奖励基金"，对获奖者奖励10万元。一位文化名人贺词："要么天津一枝独秀，要么其他地区群起效尤"；另一名作家祝贺："如果其他省市群起效尤，你拿600万,他就可能拿出两个600万！"——

贬词褒用,闹了大笑话!

"炙手可热",出于唐人杜甫《丽人行》:"炙手可热势绝伦,慎莫近前丞相嗔!"原意是手一接近就感受到很热,使人接近不得,形容某些当权者气焰嚣张。前些年,国际足联秘书长布拉特和欧洲足联主席约翰松竞选国际足联主席,竞争激烈。某报标题《国际足联主席一职炙手可热,继任人之间再掀波澜》。其对成语"炙手可热"的误用,一是错把语义气焰嚣张误解为竞争激烈或热门话题;二是将明显的贬义错用于褒义(或中性)。

"缘木求鱼",语出《孟子·梁惠王》:"以若所为,求若所欲,犹缘木求鱼也。"爬到树上去找鱼。比喻方法、方向不对,以致徒劳无功。某报报道:"记者根据线索明察暗访,历经曲折,终于缘木求鱼,找到了制造名牌假酒的黑作坊。""缘木求鱼"属贬义,用在记者打假行为上,南辕北辙,而且语义亦错误。此处若用"顺藤摸瓜"才好。

二　结构凝练

这是汉语成语的第二个重要特征。

成语的结构形式，一般是定型的、凝固的。在使用中，不能随意更易。如成语"半斤八两"，比喻彼此一样，不分上下。旧制一市斤合十六两，半市斤等于八两；但不能因新制一市斤合十两，半市斤等于五两，就把这条成语改为"半斤五两"。再如"七尺之躯"指成年男子的身高，含有男子汉大丈夫的意味。古代的尺比现在的市尺要短，因此古人把"七尺"作为一般男子的身高，并不意味着古人比今人个子高。现代男子身高五尺多却不可把这条成语改为"五尺之躯"。再如"九龙治水"不能改为"五龙治水"，"乱七八糟"也不能改为"乱五六糟"。因为这些成语的词形已经凝固，随意更易会使人觉得很别扭，甚至是搞笑。

成语一经定型，字数就不能随意增减，内容也不宜随意改动，更不能任意编造。如成语"再接再厉","厉",通"砺","磨"的意思。出自唐人韩愈和孟郊的《斗鸡联句》,意思是公鸡相斗,在每次交锋之前都要磨快它的利嘴;后借指不懈努力,继续鼓足斗志。"再接再厉"不能改写成"再接再砺"或"再接再励"。成语"爱屋及乌",出自《尚书·大传》:"爱人者,兼其屋上之乌。"比喻爱一个人而连带喜欢跟他有关的人或物。有人把这条成语写成"爱屋及鸟",尽管乌鸦属于鸟类,且"乌""鸟"仅差一个点儿,但仍属于误写,不能通融。

尽管如此,随着时代的发展,还是有些新生的固定词语"挤"进了汉语成语的殿堂,如"鳄鱼眼泪""失败乃成功之母""冰山一角",等等。"冰山一角"是说人们看得见的只是全部真相的很小部分,因为根据物理学原理,冰山浮在海面上的部分仅仅是冰山整体的十一分之一,冰山体积的十一分之十都在看不见的水面下边呢!

1."四字格"与"非四字格"

成语是在语言实践中相沿习用的一种特殊

的固定词组,四字格是它的基本格式(上海辞书出版社1987年出版的《汉语成语大辞典》收条目17934个,其中四字格17140个,占总数的95.57%)。四字格的成语长度适中,节奏平稳,表意凝练,丰厚而复杂的内容可以浓缩在4个音节的结构形式中。绝大多数四字格成语,把4个音节分成两个整齐的音段,形成匀称的节奏,读来很顺口。在漫长的历史过程中,许多成语就是由多音节的谚语或诗文成句节缩为四字格的。这种节缩,就是删繁去芜,只保留下最能表达原意的4个关键字。例如:

萧也规,曹也随→萧规曹随

渺沧海之一粟→沧海一粟

节其流,开其源→开源节流

求大同,存小异→求同存异

翻手为云覆手雨→翻云覆雨

车如流水马如龙→车水马龙

一日不见,如隔三秋→一日三秋

家有敝帚,享之千金→敝帚千金

瓜田不纳履,李下不正冠→瓜田李下

谁言寸草心，报得三春晖→寸草春晖

郎骑竹马来，绕床弄青梅→青梅竹马

成语追求精练，必须言简意赅，"四字格"是其最佳结构形式。但也有一些成语突破了"四字格"的藩篱，如：

三字：鸿门宴 群英会 莫须有 破天荒 三不朽……

五字：覆巢无完卵 坐山观虎斗 快刀斩乱麻 千里送鹅毛……

六字：化干戈为玉帛 五十步笑百步 迅雷不及掩耳 风马牛不相及 出淤泥而不染……

八字：不知人间有羞耻事 燕雀安知鸿鹄之志 欲加之罪何患无辞 静若处子，动如脱兔 三天打鱼，两天晒网 八公山上，草木皆兵 八仙过海，各显神通……

九字：卧榻之侧，岂容他人鼾睡……

在非四字格成语中，以七字成语数量为多，例如：

近水楼台先得月 每逢佳节倍思亲

人生七十古来稀 树欲静而风不止

置之死地而后生　此地无银三百两
山外青山楼外楼　山雨欲来风满楼
身在曹营心在汉　书到用时方恨少
有过之而无不及　得饶人处且饶人
知人知面不知心　众人拾柴火焰高
浪子回头金不换　车到山前必有路
冒天下之大不韪　不为五斗米折腰
……

这些七字结构的成语，实在难以把它压缩为四字格，只好维持原形。在以四字格为主体的成语大家庭中，七字结构的毕竟数量不多，亦非主流。

2. 语法结构

我们着重分析"四字格"成语的语法结构。"四字格"成语的结构关系可以分成并列、修饰、支配、陈说、补充、连谓、兼语、重叠、紧缩等多种。

A. 并列（联合）结构：

古今中外　琴棋书画　青红皂白　风花雪月
酸甜苦辣（以上是纯并列关系）

光明磊落　青山绿水　家喻户晓　呼风唤雨　吹牛拍马（以上是并列关系里还包含着偏正关系或主谓关系、述宾关系等）

B.修饰（偏正）结构：

一面之交　巍然屹立　倾巢出动　半途而废　立锥之地

C.支配（述宾）结构：

初露锋芒　包罗万象　席卷天下　顾全大局　墨守成规

D.陈说（主谓）结构：

夜郎自大　鹤立鸡群　鸡犬不宁　盲人摸象　东施效颦

E.补充（述补）结构：

逍遥法外　流芳百世　问道于盲　危在旦夕　退避三舍

F.连谓（连动）结构：

画蛇添足　解甲归田　见风使舵　哗众取宠　画饼充饥

G.兼语结构：

引狼入室　有口皆碑　指鹿为马　请君入瓮

点铁成金

H. 重叠结构：

林林总总　卿卿我我　影影绰绰　郁郁葱葱　期期艾艾

I. 紧缩结构：

先礼后兵　望风披靡（承接关系）唇亡齿寒　鸟尽弓藏（因果关系）

有眼无珠　膝痒搔背（转折关系）吹毛求疵　扬汤止沸（目的关系）

泰山毫芒　杯水车薪（对比关系）稍纵即逝（假设关系）

三 "出身"古雅

这是成语的第三大重要特征。

"旧时王谢堂前燕，飞入寻常百姓家。"现在大家耳熟能详并且在日常生活中普遍使用的成语，大多数都源起于古代文献典籍和诗词文赋之中，它们具有庄重的书面语语体色彩和古雅的语义色彩，在构成上也大都保持着古汉语的语词和语法结构。例如：

出自《周易》的"厚德载物、信及豚鱼、卑以自牧、尺蠖之屈、藏器待时、防患未然、反躬自省、履霜之戒"等；

出自《论语》的"箪食瓢饮、过犹不及、既往不咎、巧言令色、乐山乐水、斯文扫地、朝闻夕死、循循善诱"等；

其他如"疾首蹙额、弃如敝屣、涕泗滂沱、以邻为壑、绳其祖武、再衰三竭、不容置喙、箪食壶浆、风声鹤唳、阮囊羞涩、鳞次栉比、钟灵毓秀、犁庭扫穴、魑魅魍魉"等，都是典型的文言结构。

这些成语均是色彩典雅的书面语。恰当地使用它们，可以为文章和言谈增添光彩。

成语与俗语（包括惯用语、谚语、歇后语等），都属于汉语固定语的范畴，但各具特色。

成语和惯用语比较容易区分：首先，二者结构形式不同，成语以四字格为主，而惯用语却多为三字格。其次，二者结构的固定程度不同，成语结构固定，不能随意变化；而惯用语却具有离合性。例如惯用语"吃鸭蛋"比喻在考试或竞赛中得零分,"灌米汤"比喻用甜言蜜语去恭维或迷惑人。但在言语中惯用语可以拆分,例如可以说"谁想到会吃了个大鸭蛋""顺势给领导灌点儿米汤"。第三,成语具有典雅的书面语特征,而惯用语却具有通俗的口语色彩,如"抬轿子、吹喇叭、敲边鼓、哭鼻子、散摊子、撒丫子"等。

谚语是出自民间,并在口头广为流传的固定语句,思想内容带有哲理性训诫性的特点,如"人无头不走,鸟无头不飞""路遥知马力,日久见人心""夫妻本是同林鸟,大难临头各自飞"等。

歇后语由前后两部分组成,前一部分为比喻语犹如谜面,后一部分像谜底,为解说语,如"老鼠拉木锨——大头儿在后边儿呢""猪八戒照镜子——里外不是人""武大郎放风筝——出手不高"等。

成语是文人雅士对历史名言典故的高度概括,多为四字格,文雅凝练,多用于书面;而俗语是从民间口语中提炼出来的，生动俚俗，多用于口语。在一般文章（或文学作品）中，议论、叙述、描写等多用成语，而人物对话则多用俗语。有时同一件事或同一语意，往往成语是一种说法，俗语则变换一种说法，这样就形成了同义的成语与俗语，如：

舍本逐末——捡了芝麻，丢了西瓜

一丘之貉——天下乌鸦一般黑

见异思迁——这山望着那山高

自我吹嘘——王婆卖瓜，自卖自夸

鹤立鸡群——羊群里出骆驼

横生枝节——半路里杀出个程咬金

鱼目混珠——挂羊头卖狗肉

众矢之的——老鼠过街，人人喊打

评头品足——横挑鼻子竖挑眼

捉襟见肘——拆东墙补西墙

畏首畏尾——前怕狼后怕虎

开诚布公——打开窗户说亮话

针锋相对——针尖儿对麦芒儿

另起炉灶——重打锣鼓另开张

弄巧成拙——偷鸡不成蚀把米

孤掌难鸣——一个巴掌拍不响

得陇望蜀——吃着碗里,看着锅里

一暴十寒——三天打鱼,两天晒网

木已成舟——生米煮成熟饭

吹毛求疵——鸡蛋里挑骨头

巧舌如簧——说的比唱的好听

身首异处——脑袋搬家

多此一举——脱裤子放屁

以卵击石——鸡蛋碰石头

贪得无厌——人心不足蛇吞象

不白之冤——跳进黄河洗不清

临渴掘井——临上轿现扎耳朵眼儿

得过且过——当一天和尚撞一天钟

分道扬镳——你走你的阳关道,我走我的独木桥

以上各组成语与俗语,字面虽异,然旨趣则一。两相对照:俗语生动活泼,通俗诙谐;成语典雅庄重,精练凝缩;二者语体有别、风格各异、语境相迥、用场不同。对此,不存在

孰优孰劣的问题，犹如面对春兰与秋菊，杜甫与白居易，不可强分轩轾，妄论高下，因二者同为中华文化之瑰宝，确有异曲同工之妙。这本身也体现出成语有部分来自于民间的人事智慧、经过精致工雅的提炼、并继续在民间生活中持续传承这样一条发展脉络。

其实，成语与惯用语、谚语之间很难划出绝对清晰的界线。对前面提到的非四字格固定短语是否都归入成语之列，学界观点也不一致，有的著述就把它们归入名言或谚语之列。

第二讲

语林奇葩

成语是汉语的精华,它博大精深,包罗宏富,成为中华传统文化宝库中最绚烂的精神财富。这一讲试图阐述成语在内容、形式、修辞、语用以及成语习得、使用、研究等方面彰显出的"魅力"。

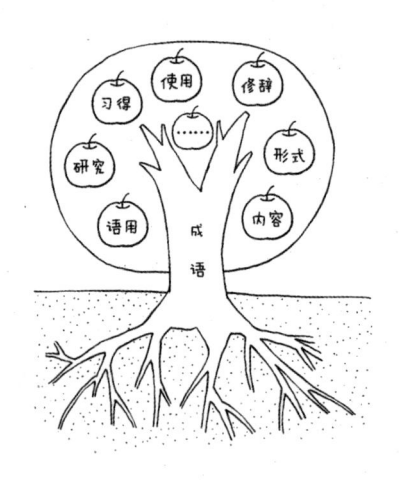

一　经典故事会

凡是源自神话、传说、寓言、典故、史事而形成的成语，例如"炼石补天、愚公移山、鹬蚌相争、塞翁失马、完璧归赵、东施效颦、三顾茅庐、请君入瓮、人面桃花、程门立雪、郑人买履、画蛇添足、滥竽充数、黔驴技穷、叶公好龙"等，其本身都是生动的故事，情节的发展和结局都很吸引人，历经千年百载仍脍炙人口。当然，这类成语都具有一定的背景因素，要把握这个成语准确的意义，就需要了解这个成语的背景知识，这就吸引着你去读书、去探索、去思考——成语正是具有这种激发求知欲的巨大魅力。

"塞翁失马"，出自《淮南子·人间训》。边塞地区有一个擅长命运预测的人，他的马忽然逃跑到北方胡人的领地。邻居都对其不幸表示安慰。这人却说："这怎么就不是件好事呢？"过了几个月，他的马竟然拐带着胡人的骏马跑回家来了。后用"塞翁失马"比喻暂时受到损失，却最终得到好处；也指坏事在一定条件下变为好事。这条成语的完整表达是"塞翁失马，焉知非福"，也可单说"塞翁失马"，使人联想起后半截的"焉知非福"。

"二桃杀三士"是一则历史故事，出自《晏子春秋·内篇谏下》。春秋时齐景公帐下有三员大将：公孙接、田开疆、古冶子，三人都恃功而骄，晏子建议齐景公早日消除这三个祸患。晏子设局让景公把三位勇士请来，赏赐他们两颗桃子，谁功劳大就可自取一桃。公孙接与田开疆自报功绩，各拿一桃。古冶子认为自己功劳更大，气得拔剑指责前二者。而公孙接与田开疆自觉不如，羞愧之余便将桃子让出而自尽，古冶子也深感悔恨，拔剑自刎。后用"二桃杀三士"指施展阴谋手腕杀人。

"请君入瓮"，语出唐代张鷟《朝野佥载·周兴》。周兴和来俊臣都是武则天执政时的酷吏。有人告密说周兴谋反，武则天命令来俊臣审这个案子。一天，来俊臣请周兴来家里做客，一边饮酒一边议论审案。来俊臣说："有些囚犯再三审问，都不承认罪行。老兄有什么高招让他们招供呢？"周兴答道："这还不容易！只要拿来一个瓮，用炭火在周围烧热了，然后把囚犯送进瓮里，什么罪他敢不认？"于是，来俊臣吩咐侍从找来一个瓮，用炭在周围烧得火热。

来俊臣站起来对周兴说:"有人告你谋反,我奉命审问。请老兄自己钻进这个瓮里去吧!"周兴闻之惊恐万状,当即磕头认罪。后用"请君入瓮"比喻以其人之道,还治其人之身。这条成语背后隐含的故事,以及悬念设置,语言鲜活,情节跌宕,都给人留下深刻的印象。从文化内涵分析,"请君入瓮"这条成语,在揭露酷吏残忍的同时,还教人一种"以子之矛攻子之盾"或"以牙还牙"的方法;同时告诫人们不要得意忘形,以免作法自毙。

"人面桃花"则蕴含着感人的爱情故事:唐代诗人崔护,清明独游长安南庄,因渴极叩门求浆。有一女子应门,捧杯水让坐。女子美貌,与庭前桃树花面相映,楚楚动人。二人凝睇相对,灵犀一点,似有深情无限却无由深谈。次年清明,崔护再往探访,唯见门院如故,佳人杳然。百感交集,遂题诗门扉:"去年今日此门中,人面桃花相映红。人面不知何处去,桃花依旧笑春风!"后以"人面桃花"比喻多情邂逅却不复再见的怅惘之情。

"红杏出墙",原出自宋代诗人叶绍翁《游园不值》:"应怜屐齿印苍苔,小扣柴扉久不开。春色满园关不住,一枝红杏出墙来。"婀娜枝条与红色杏花穿出墙外,不禁令人顿生遐想。宋话本《西山一窟鬼》,形容女子有"如捻青梅窥少俊,似骑红杏出墙头"之妙句,写李千金挣脱礼教束缚与裴少俊恋爱的情事。此后,"红杏出墙"就成为女子发生婚外情的代称。元人白朴据此创作出著名的杂剧《墙头马上》,近人刘云若亦有言情小说名作《红杏出墙记》。

"韦编三绝、学富五车、才高八斗"分别赞美读书人刻苦学习、学识渊博和才华横溢。《史记·孔子世家》:"孔子晚而喜《易》……读《易》,韦编三绝。""韦"是皮条或皮绳,即把多块竹简连缀起来的皮制细绳。所谓"韦编三绝",其字面义:手不释卷,反复翻阅,以致将皮绳子磨损折断了多次;深层义:形容读书勤奋。《庄子·天下》曰:"惠施多方,其书五车。"所谓"学富五车",是说把装满五车的书都读过了,形容学识渊博。南北朝诗人谢灵运才华横溢,自视极高,曾言:"天下才共一石,曹子建独得八斗,我得一斗,自古及今共用一斗。"后用"才高八斗"赞誉才华过人。

"此地无银三百两",是说张三积攒三百两银子,害怕遭窃,趁夜在院里挖坑埋银,又生怕人知道,于是在埋银处立牌写明:"此地无银三百两。"邻居王二见之,悄悄把银子偷走,并在牌上加了一句:"隔壁王二不曾偷。"这自然是个编造的笑话,比喻本想掩盖事实,结果是自己就泄露了真相。后人用"此地无银三百两"讽刺不打自招。

民间称悍妻恶骂为"河东狮吼",如《官场现形记》第39回:"无奈瞿老爷一来怕有玷官箴,二来怕河东狮吼,足足坐了一夜。"相传宋代苏轼有个朋友,姓陈名慥字季常,号龙邱居士,喜招宾客,好谈禅理。不过,其妻柳氏悍妒,陈慥甚惧之。苏轼曾赋诗戏云:"龙邱居士亦可怜,谈空说有夜不眠。忽闻河东狮子吼,拄杖落手心茫然。"后明朝汪廷讷据此改编为杂剧《狮吼记》。"河东",旧属柳姓的郡望,如唐代散文家柳宗元世称"柳河东"。

淝水之战是历史上著名的以少胜多的战役之一。公元383年,前秦出兵伐东晋,双方于淝水(今安徽寿县东南)交战,最终东晋以区

区八万兵力大胜八十余万秦军。"投鞭断流、草木皆兵、风声鹤唳"这几个成语都与这场战役有关。前秦苻坚准备大规模进攻东晋,他说:"以吾之众旅,投鞭于江,足断其流。"成语"投鞭断流",比喻人马众多,兵力强大。"草木皆兵",把山上的草木都当作敌人士兵的影像,形容神经过敏,疑神疑鬼。秦军被彻底击溃,秦王苻坚受伤后仓皇而逃,听到风吹树木和鹤鸟鸣叫的声音,都以为是敌人追兵又到了。"风声鹤唳",形容疑虑恐惧,自相惊扰。

二 鉴览古今人

　　了解一个民族的文化，必先了解一个民族的历史。不少成语记录了当时的历史人物和事件，借助这把钥匙，后人得以开启一扇进入历史的大门。历史虽然一去不返，但是这些鲜活的历史人物与故事，不仅在史书、文艺作品中得以再现，也在成语中得以凝聚并传承。例如："吐哺握发（周公）、卧薪尝胆（勾践）、弹铗三歌（冯谖）、脱颖而出（毛遂）、赴汤蹈火（晁错）、投笔从戎（班超）、鹤立鸡群（嵇绍）、负荆请罪（廉颇）、完璧归赵（蔺相如）、凿壁偷光（匡衡）、指鹿为马（赵高）、闻鸡起舞（祖逖）、鞠躬尽瘁（诸葛亮）、东山再起（谢安）、洛阳纸贵（左思）、七步成章（曹植）、入木三分（王羲之）、破釜沉舟（项羽）、乐不思蜀（刘禅）、图穷匕见（荆轲）、三顾茅庐（刘备）、唾面自干（娄师德）、精忠报国（岳飞）、逼上梁山（林冲）"等等。

　　有人物姓名直接出现在成语里的，如"曾

参杀人、车胤囊萤、孙康映雪、成败萧何、张敞画眉、季布一诺、田忌赛马、管宁割席、秦琼卖马、名落孙山、项庄舞剑、毛遂自荐、庄周梦蝶、伯牙绝弦、大禹治水"等等。

有用名、姓、代称或别名的,如"叶公好龙、文君新寡（卓文君）、阮囊羞涩（阮孚）、周郎顾曲（周瑜）、前度刘郎（刘禹锡）、陶朱之富（范蠡）、江郎才尽（江淹）、徐娘半老（徐昭佩）、班门弄斧（鲁班）、吴下阿蒙（吕蒙）、金屋藏娇（陈阿娇）、太公钓鱼（吕尚）、买臣覆水（朱买臣）"等等。

还有两人或姓或名并举的,如"管鲍之交（管仲、鲍叔牙）、班马文章（司马迁、班固）、萧规曹随（萧何、曹参）、房谋杜断（房玄龄、杜如晦）、马工枚速（司马相如、枚皋）、颜筋柳骨（颜真卿、柳公权）、环肥燕瘦（杨玉环、赵飞燕）、郊寒岛瘦（孟郊、贾岛）"等等。

在表现人物性格方面,成语虽只四字,却能生动地展示出人物的情态,"郑人买履"的颠顶自信,"滥竽充数"的弄虚作假,"画蛇添足"

的自鸣得意,"东施效颦"的弄巧成拙,"邯郸学步"的亦步亦趋,"南辕北辙"的刚愎自用等,都给人留下了极其深刻的印象。"才高八斗"固然是称誉像曹植那样的才华过人,不过,我们也从这个故事看出谢灵运的狂妄自大,目中无人,夸赞曹植是假,抬高自己才是真。

汉语成语所包含的林林总总的人物款款走来,鲜活的性格,如在目前;形形色色的故事次第推进,犹如展示出一幅历史长卷,令人目不暇接。

三　人生小百科

成语是中华传统文化"小百科",包罗万象,其中包含的知识系统可谓思接千载,视通万里。我们在学成语、用成语获取历史文化知识的过程中,还能掌握相应的词汇,充实自身的词语库存。例如成语"信口雌黄"指随口胡说或妄加评论。其中的"雌黄"指涂改文字的橙黄色的矿物,相当于今天的橡皮或修正液。"埙篪相应"比喻兄弟或好友之间彼此呼应,密切配合。其中的"埙(xūn)"为陶制乐器,状如鸡蛋;"篪(chí)"为竹管乐器,状如短笛。"奉为圭臬"指以某人的言论作为信奉的唯一法则。其中的"圭(guī)臬(niè)"是古代测日影的天文仪器,后喻指准则或法度。我们能够掌握如"雌黄""埙篪""圭臬"等不常用的、比较古雅的词语,大多正是从成语学习中获得的。形容创业艰辛的成语"筚路蓝缕","筚路"指用荆条编的车。"不值一哂",表示轻蔑,看不上眼,其中的"哂

（shěn）"指笑。"以蠡测海"的"蠡"指水瓢。"学传三箧"的"箧"指箱子，"高屋建瓴"的"瓴"指水瓶等。再如"拔茅连茹、竭泽而渔、改弦更张、金瓯无缺、鞭辟入里、鸢肩火色"等成语，都带有浓郁的书面语色彩，而在文字古义的背后，则是古代生活中的百科知识。再如：

"盲人瞎马"原比喻境况十分危险，后比喻不明情况、无目标地乱闯。出自《世说新语·排调》：桓玄、殷仲堪、顾恺之三人玩文字游戏，商议以危险的事情作题目。桓玄说："矛头淅米剑头炊。"殷仲堪说："百岁老翁攀枯枝。"顾恺之说："井上辘轳卧婴儿。"殷仲堪手下一参军在座，顺口说："盲人骑瞎马，夜半临深池。"殷仲堪说："你说话太尖刻了！"原来殷仲堪是"眇目"，就是瞎了一只眼。民间戏称"独眼龙"。那位参军有意以"盲人瞎马"与殷仲堪开玩笑。所以刘义庆在编辑《世说新语》时，把这段逸事编入专门记载嘲讽戏谑的"排调"门类之中。

"盲人瞎马"这条成语的字面义,极度夸张,但理解上总觉得别扭:双目失明的盲人,自己走路尚且困难,为何还要夜半骑马出门,又为何偏要找匹瞎马?这便需要分析"盲""瞎""眇"这三个字的古今意义。"盲",会意字,眼睛失明。"眇",会意字,指偏盲,就是瞎一只眼。现代汉语中"盲""瞎"是同义词,但在古代汉语里,"瞎"却可指一目失明,这是它的本义。例如《魏书·酷吏·谷楷传》记载:"楷眇一目而性甚严忍,前后奉使,皆以酷暴为名,时人号曰'瞎虎'。"老百姓给独眼酷吏谷楷起外号"瞎虎",就是"独眼恶虎"的意思。《资治通鉴》云:"吾闻瞎儿一泪,信乎?"另外,唐代僧人慧琳《一切经音义》卷六引《字书》云:"瞎,一眼无睛也。"《广韵·鎋韵》:"瞎,一目盲。"后来,"瞎"字的偏盲之义逐渐被双目失明之义取代。

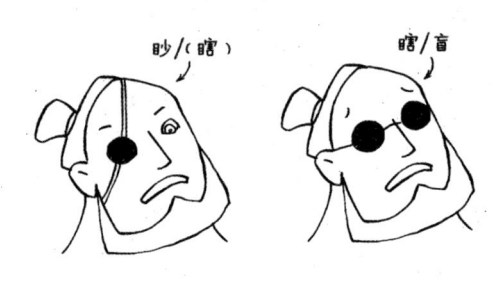

"呆若木鸡"是由褒义变为贬义的,很有意思。该成语出自《庄子·达生》篇:周宣王喜爱斗鸡。纪渻子为其训练斗鸡,将一只表面气势汹汹,其实没底气的鸡,训练得安闲淡定,不动不惊,就像木头一样。这只鸡在斗鸡场上,别的斗鸡一打照面就掉头而逃,没有敢应战的。"呆若木鸡"原比喻心静如水,气定神闲,涵养极高,能以镇定取胜的人,后转为形容因恐惧或惊讶而发呆的样子。

今　　　古

由于大多数成语产生于古代，所使用的词语属于古汉语范畴，而古今汉语在词语意义上存在着诸多差异，给今人正确理解成语带来不少困难，也给人们斟酌和研讨某些成语词义，留下了许多疑点和难点。引发后人探究这些疑点和难点，以寻求正确的答案，也是成语诱人魅力之所在。例如成语"沧海一粟"的"粟"是指"谷子"还是"沙子"？"名列前茅"的"茅"是指"茅草"还是"旌旗"？且看如下分析：

"沧海一粟"出自苏轼《前赤壁赋》："寄蜉蝣于天地，渺沧海之一粟。""沧海一粟"，就是"大海中的一粒谷子，比喻十分渺小"，似成定论。但仔细捉摸，不禁令人产生疑问：大海里怎么能有谷子呢？在《康熙字典》和《中华大字典》中，

"粟"字都有一个解释为"沙子"的义项；在《辞海》《辞源》和《中文大辞典》中，"粟"这个词条都有一个共同的义项，就是与"粟"形状相似的颗粒状物体，三部辞书分别释义为"凡细颗粒之物或曰粟""指颗粒如粟之物""泛指粟状物"。《辞海》《辞源》均引《前赤壁赋》"寄蜉蝣于天地，渺沧海之一粟"，作为"粟"这一义项的例句，可知编者明确地认为"渺沧海之一粟"的"粟"就是"颗粒如粟之物"，也就是"沙子"。因此，我们可以把成语"沧海一粟"解释为"大海中的一粒沙子，比喻十分渺小"。这种释义既与词义相合，又顺理合情，易为人理解和接受。

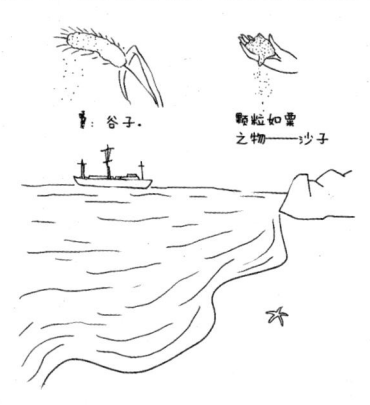

成语"名列前茅"的"茅"究竟是不是"茅

草"？先看几部权威辞书对"前茅"的解释——《中文大辞典》："春秋时楚前军用茅以为旌识也。"《辞海》："犹先头部队。古代行军前哨斥候以茅为旌。如遇敌人或敌情有变化，举旌以警告后军。"《辞源》："军中的前哨斥候。行军时用茅为旌，持旌先行，如遇变故或敌人，便举茅警告后军。"至于先头部队"以茅为旌"的"茅"，究竟是为何物？上引辞书皆避而不谈。《汉语成语小词典》《汉语成语词典》和《中国成语大辞典》在"名列前茅"条中，都明确地把"茅"解释为"茅草"。《汉语成语考释词典》："前茅：行军时走在队伍前面的兵士手执白茅开路（侦察敌情，举白茅作信号报警）……前哨执白茅当作旗帜开路以防意外……"这些解说都似乎难以令人信服。

作为战场上的指挥报警信号——旗帜，必须具备三个特点：可以高举、色彩鲜艳、质地坚韧，而茅草（或白茅）根本不具备做旗帜的条件，且于古无征。那么，这个"茅"是否为通假字呢？《公羊传·宣公十二年》："左持茅旌"，

《新序·杂事》写作"旄旌"。清人王引之在《经义述闻》中曾对此发表评述："茅为草名，旌则旗章之属，二者绝不相涉，何得称茅以旌乎？今案，茅当读为旄。旄，正字也；茅，借字也。"王引之认为"茅"是"旄"的借字，因而"前茅"就是"前旄"，即前军手持的旗帜。此解令人茅塞顿开。

那么，"旄"又为何物？春秋时期，古人有在旗杆顶端悬挂牦牛尾做装饰的习惯，类似今日的旗帜飘带，这种习俗在盛产牦牛的楚国更为兴盛。因而古人又称旌旗为"旄"，"前茅"就是"前旄"，即前军所持的旗帜，引申为先头部队，与"茅草"的"茅"只是古音假借关系，在词义上二者风马牛不相及。

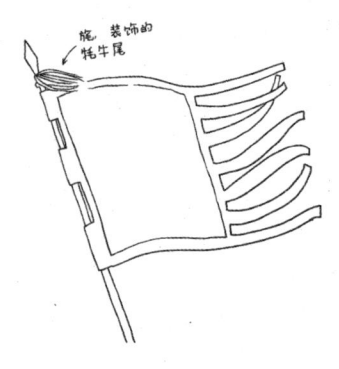

成语使得很多古汉语词汇、语法得以遗存和流传。相当多的成语来自古代典籍，带有文言色彩，兼有古色古香的典雅格调，同时又能帮助我们了解古代社会生活的各类常识。

四 修辞炼佳句

1. 成语的音形义之美

人们总是努力按照美的标准及原则，对成语进行精心创制和反复锤炼，从而使之益臻精美。这就使得成语作为语言符号在供人们表意的同时，还能为使用者带来审美的愉悦。成语的这种审美价值可以从形式美和内涵美两个角度来分析。

成语的形式美，表现在成语的语音和词形带给人们美的享受。这种美是直觉的、显性的。

现存绝大部分成语是四音节结构，这跟汉语词汇的构造规律、声调规则以及传统诗文形式密切相关。汉语在语言上追求表达形式的对举整齐与音韵的和谐统一。许多成语的结构在发展过程中由参差趋于整齐，向四音节靠拢。不足四音节的要补足为四音节；多于四音节的，往往要压缩成四音节。如"井底蛙"变成了"井底之蛙"。"盲人瞎马""一刻千金""循循善诱"等则脱胎于"盲人骑瞎马""一刻值千金"、"循循然善诱人"。四字音节使成语具备了齐整稳定的节奏美感。

汉语是声调语言，调值音高的升降起伏使言语天然的带有音乐性。几乎所有成语的四字都是平仄相间，因而具有抑扬顿挫、和谐上口的听觉美。比如：

平平仄仄／仄仄平平：潜移默化、孤芳自赏／视死如归、讳莫如深

平仄平仄／仄平仄平：一见如故、恬不知耻／大相径庭、志同道合

平仄仄平／仄平平仄：泥塑木雕、狐假虎威／不言而喻、闭门思过

仄仄仄平／平平平仄：秀外慧中、乐此不疲／刚柔相济、行云流水

平仄仄仄／仄平平平：如丧考妣、孺子可

教／对牛弹琴、料敌如神

平仄平平／仄平仄仄：息事宁人、仁义之师／洛阳纸贵、望尘莫及

平平仄平／仄仄平仄：亡羊补牢、南辕北辙／少不更事、窃窃私语

个别的也有不变平仄的，如"空穴来风"是平平平平格，"每况愈下、不可救药"是仄仄仄仄格。尽管如此，其内部也在阴平、阳平之间交错或上声、去声之间交错，在调值上仍有一些变化。

除了平仄交错，成语还有双声、叠韵、叠音等方式，形成听觉上的回环映照之美，比如"雄心壮志""琳琅满目"利用双声，音律齐整；"道貌岸然""冠冕堂皇"利用叠韵；"熙熙攘攘""形形色色"则是叠音，同音复沓。

成语的结构和形式是固定的，一般不能随意变动词序或抽换、增减其中的成分，这样才能保证整体结构的凝固和精巧之美。成语结构的凝固性主要与语音有关，四字格成语明显在语言流畅、认知表达方面优于其他词汇形式，

因此逐渐凝固起来而习用至今。从更纵深的角度看，随着社会文化生活的推进，事物变得越来越繁杂，交流变得越来越广泛，客观上要求汉语词汇程式化，以便精简地传递更多信息。汉语词汇经过上千年的自我完善，最终选择了那些言简意赅、寓意深刻、古朴典雅的四字格作为成语。

下面重点谈成语的对仗和互文。

几近一半的成语为联合式结构，这类结构广泛地运用对仗手段，其前后两部分的结构关系相同、词类相应、意义相类或相反，呈现出一种均衡对称之美。比如，"口蜜腹剑"，"口"对"腹"，"蜜"对"剑"，词性相同，词义相反，"口蜜"和"腹剑"均为主谓关系，采用比喻修辞；"推陈出新"，"推陈""出新"均为动宾结构，"推"与"出"意义相近，"陈"与"新"意义相反，两两相对；"唇亡齿寒"，"唇亡""齿寒"均为主谓结构，"唇"与"齿"、"亡"与"寒"词性相同，词义相类，等等。这样的成语我们可以举出很多，如"山清水秀、跃马扬鞭、铁壁铜墙、深谋远虑、暴风骤雨、枪林弹雨、朝秦暮楚"等等。

还有不少成语，不仅在形式上形成对仗，在语义上还形成互文关系，更加凸显结构上的精巧、均衡之美。所谓互文，又叫"互文见义"，是指在一个语言片断里相邻的上下文中，上文隐含着下文里出现的词语，下文隐含着上文里出现的词语，这样彼此包蕴渗透，相互呼应补充，从而参互成文，合而见义。比如，"兵荒马乱"，"兵荒"与"马乱"合而见义，"兵"也是"马"，"荒"就是"乱"，共同构成"因战争引起的灾荒和动乱"的意义。"南来北往"用互文表达的是往北去的人和往南去的人都在内的，如果单从字面上理解，就会误解为只有往北去的人，没有往南去的人了。这类成语数量很多，如"珠联璧合、峰回路转、披星戴月、真才实学、神出鬼没、离经叛道、真知灼见"等等，形成结构上的回环之功，音律上的错落之妙。这也体现出中华民族喜欢整齐美、均衡美和对称美的心理习惯。

成语的内涵美，主要表现在成语的内涵能激发人们丰富的联想，令人感受到美的体验。这种美是间接的、隐性的。

成语表层语义所能带来的美感，主要表现在色彩美、形象美、意境美等方面。比如"姹紫嫣红、桃红柳绿、五彩缤纷、异彩纷呈、黑白分明"，呈现出一派鲜明的色彩形象；"亭亭玉立、袅袅婷婷、风姿绰约、婀娜多姿、嫣然一笑、玉树临风"等，表现出栩栩如生的人物形象美；"绿水青山、峰回路转、车水马龙、鸟语花香、月朗星稀、曲径通幽"等，仿佛呈现出一幅幅写意水墨画，令人感受到汉语如诗的意境美。

许多成语来源于古代的神话传说、寓言故事、史实轶闻，而这些神话、故事及轶闻，本身就是具有很高审美价值的艺术佳作。来源于此的成语在流传和使用的过程中，自然更有特别的审美价值。例如"开天辟地、夸父逐日、羿射九日、精卫填海、愚公移山"等成语，表现了人类在想象中征服自然的力量，富有原始的质朴美，并带给人以想象的神奇之美。"邯郸学步、东施效颦、掩耳盗铃、叶公好龙、自相矛盾、塞翁失马、盲人摸象"等从寓言中演化来的成语，人物形象精练传神，细细品味，更能感受到哲理之美。

还有不少成语出自古典诗文。无论是大气恢宏之诗，还是婉约飘逸之作，古诗文中所蕴含的思想、人格、情感、境界，以及多样的艺术风格都在据此而出的成语中得到更为精练的体现。例如，"老骥伏枥"，语出曹操的"老骥伏枥，志在千里；烈士暮年，壮心不已"，成语中所蕴含的雄健的气势、积极进取的精神，感人至深。"乘风破浪、锲而不舍、鸿鹄之志"的气魄和精神追求，"大江东去、世外桃源、气象万千"所呈现的意境，"不求甚解、柳暗花明、源头活水"所体现的哲理……都会带给人们思想触动，引发情感共鸣，这是成语独具的魅力。

2. 精彩纷呈的修辞技巧

成语之所以能够为历代人民群众喜闻乐见，除了内容丰富而深刻以外，高超的修辞艺术也是重要的原因。修辞，本义就是修饰言论，也就是在使用语言的过程中,利用多种语言手段以收到尽可能好的表达效果的一种语言活动。成语中的修辞艺术非常丰富,从形式上,主要采用"四字格";从结构上,绝大多数成语对称、均衡,从韵律上,平仄相间,错落有致,这些都是成语修辞艺术的典型表现。除此之外,辞格的运用,在成语修辞艺术中更是极为凸显。按《修辞学发凡》中所述,汉语的辞格共40多种,而《汉语修辞格大辞典》中列出的辞格竟有156种之多。在成语中,辞格比比皆是。成语使用夸张辞格,前文已有论述,下面再介绍一些成语中常见的辞格。

第一是**比喻**。这是成语构成中最常见的修辞手段,用本质不同而又有相似点的事物来描摹另一种事物或者说明道理,变复杂为简约,变抽象为形象。运用比喻辞格的成语,往往形象鲜明,意蕴深刻。例如"光阴似箭、如鱼得水、人老珠黄、如花似玉、如狼似虎、归心似箭、噤若寒蝉"。根据其内部不同的特点,又可分为明喻、暗喻、借喻等类型。

明喻，即本体、喻体和比喻词都出现。常用的比喻词有"若、犹、似、如、同"。比如"口若悬河"，语出南朝刘义庆《世说新语》："王太尉云：'郭子玄语议如悬河泻水，注而不竭。'"后来就用"口若悬河"指说起话来像瀑布倾泻一般滔滔不绝。这类成语还有"洞若观火、危如累卵、情同手足、寥若晨星"等。

暗喻，即本体、喻体出现，用"是、为、成"等代替喻词，或者不出现比喻词。比如"鸿鹄之志"，语出《吕氏春秋》："夫骥骜之气，鸿鹄之志，有谕乎人心者，诚也。"《史记·陈涉世家》："陈涉太息曰：'嗟乎，燕雀安知鸿鹄之志哉！'"用以比喻远大的志向。这类成语，还有"犬马之劳、一言九鼎、铁石心肠、风烛残年、车水马龙"等。

借喻，即本体、比喻词都不出现，直接出现喻体。如"一丘之貉"，《汉书·杨恽传》："古与今，如一丘之貉。"比喻同属一类，没有差别，后来多用于贬义，比喻都是一样的坏人。这类成语，还有"金蝉脱壳、鸡毛蒜皮、雨后春笋、一盘散沙、哀鸿遍野"等。

还有特殊的一类：只出现比喻词和喻体，不出现本体，比喻词多为"如""似"。比如"如坐针毡"，语出唐代房玄龄等人所撰《晋书·杜锡传》："累迁太子中舍人。性亮直忠烈，屡谏愍怀太子，言辞恳切，太子患之。后置针著锡常所坐处毡中，刺之流血。"后用"如坐针毡"形容心神不定，坐立不安。这类成语，还有"如影随形、如鱼得水、如数家珍、若烹小鲜"等。

第二是**借代**。有些成语不直接说出所要表达的人或事物，而借用与它密切相关的人或事物进行代替，从而形成借代修辞格。借代的手法使成语表达形象突出、特点鲜明、具体生动。它可以进一步分为以下几种类型：

以特征代本体。即用人物或事物某方面突出的特征代替本体事物的名称。如"纨绔子弟"，语出《汉书·叙传上》："出与王、许子弟为群，在于绮襦纨绔之间，非其好也。"纨是细绢，纨绔，指细绢做的裤子，泛指华贵的衣着。只有富家子弟才能穿得起细绢做成的衣裤，后来便用"纨绔子弟"指游手好闲、不务正业的富家子弟。此类成语还有"梨园弟子、河东狮吼、久经沙场、绿肥红瘦、烽火连天"等。

以局部代本体。即用事物具有代表性的一部分代替本体事物。如"白山黑水",语出《金史·世纪》:"生女直地有混同江、长白山。混同江亦号黑龙江,所谓'白山黑水'是也。"长白山、黑龙江都在我国东北地区,后来,就用"白山黑水"泛指我国东北地区。此类成语还有"一帆风顺、背井离乡、大兴土木"等。

以工具代本体。即用与事物有关的工具来代替事物本身。如"大动干戈",语出《论语·季氏》:"邦分崩离析,而不能守也;而谋动干戈于邦内。"干是盾牌,戈是长矛,用这两种兵器来借代大规模地进行战争。后来比喻大张声势地行事。此类成语还有"同室操戈、旗鼓相当、丹青妙笔、笔墨官司、弄璋之喜"等。

以专名代泛称。即用具有典型性的人或事物的专有名称来代替本体事物的名称。通常这些专有名称在社会中具有很强的代表性或影响力较大，因而借用它来指代一类事物。如"秦晋之好"：晋献公之女穆姬在后来的秦晋政治联姻中嫁给秦穆公为夫人，这便是所谓"秦晋之好"的开端。在此后20年间，又有过两度"秦晋之好"。因此秦晋之好代表的是一种政治上的联姻，是国家之间的联合，但后来渐渐将男女之间的婚姻也称作结为"秦晋之好"。此类成语还有"阳春白雪、下里巴人、气冲斗牛、吴下阿蒙、鱼米之乡"等。

以具体代抽象。即在表达抽象事物时，借用与之相关的具体事物来代替。如"谈虎色变"，语出《河南程氏遗书》："真知与常知异。常见一田夫，曾被虎伤，有人说虎伤人，众莫不惊，独田夫色动异于众。"后来用来形容一提到可怕的事就情绪紧张起来，连脸色都变了。这就是用"虎"来代指可怕的事物。这类成语还有"肝胆相照、白纸黑字、白驹过隙、壶中日月"等。

以结果代原因。即用某事物产生的结果代替事物的原因。如"令人喷饭"，语出宋朝苏轼《文与可画筼筜谷偃竹记》："与可是日与其妻游谷中，烧笋晚食，发函得诗，失笑喷饭满案。"原意即在吃饭时，因为看到或听到可笑的事情，忍不住笑，把嘴里的饭喷出来。"喷饭"是可笑的结果，现在用这个成语形容某事十分可笑。这类成语还有"令人捧腹、倾国倾城、闭月羞花"等。

第三是**对偶**。对偶是汉语特有的一种修辞手法，指用两个结构相同、字数相等、意义对称的词组或句子来表达相反、相似或相关的意思。对偶与对仗，实质是一样的，前面说到对仗，是从成语结构的角度分析成语使用对偶方式在视觉和听觉方面给人以对称的形式美，这里从修辞的角度分析成语使用对偶方式收获的语义效果。

对偶格成语有正对和反对两种。正对，指在一个成语中，前后两部分意义相同或相近，互为补充。比如"山清水秀、剑拔弩张、耳闻目睹、家喻户晓、眼明手快、胆战心惊、海阔天空、理直气壮、任重道远"等成语，前后均为主谓结构；"背信弃义、排山倒海、腾云驾雾、添油加醋、标新立异、博古通今、捕风捉影"等成语，前后均为动宾结构；"良辰美景、锦衣玉食、粗心大意、异端邪说、暴风骤雨、高谈阔论、道听途说"等成语，是偏正结构。无论是哪种内部结构，其前后两部分都形成对称，词性相同，表达相同或相近的意义。

反对，指在一个成语中，前后两部分表达相反或者相对的意义。比如"微言大义、阳奉阴违、深入浅出、大同小异"是偏正结构，"言近旨远、亲痛仇快、口蜜腹剑、言简意赅、此起彼伏"是主谓结构，"激浊扬清、是古非今、舍本逐末、避重就轻、党同伐异"是动宾结构。无论内部结构如何，其前后两部分形成对称，词性相同，表达相反或相对的意义。

除四字格成语之外，不少多字格成语也用对偶构成。比如，"明枪易躲，暗箭难防；千军易得，一将难求；兵来将挡，水来土掩；兼听则明，偏听则暗；明修栈道，暗度陈仓；四体不勤，五谷不分"等等。

第四是**排比**。有些四字成语，运用排比的手法，将四个词性相同、意思密切相关的单音节字紧密地排列在一起，极大地增强了词语的气势以及表达上的节奏感。比如"鳏寡孤独、声色犬马、生老病死、抑扬顿挫、喜怒哀乐、分崩离析、盛衰荣辱、起承转合、望闻问切、青红皂白、酸甜苦辣、柴米油盐、油盐酱醋、刀枪剑戟、琴棋书画、风花雪月、生杀予夺"等，均由四个相类的单音节字凝固而成，节奏更加舒缓，结构更加匀称，语气更加强烈，其意义却并非四个单音节字的简单相加，而是形成更加深广、丰富的整体意义，比如，"抑扬顿挫"，分别是指声音的降低、升高、停顿、转折，但用排比凝固成成语，已经不是简单指声音的高低起伏、停顿转折，而是形容音乐或诗文作品富有韵律，节奏感强。"鳏寡孤独"，"鳏"，指老而无妻；"寡"，指老而无夫；"孤"，指幼而无父；"独"，指老而无子，用排比形式凝固成成语，则泛指没有劳动力而又无人赡养的人。排比手法的运用，使得这类成语在意义表达上鲜明生动，情感表达上淋漓尽致。

第五是**反复**。即利用词语、句子的重复，以强调某种意思、突出某种感情的辞格。有一些成语在产生、定型的过程中，运用反复的修辞格式，进行语素的重叠，形成四字格成语，比如"浑浑噩噩、战战兢兢、熙熙攘攘、唯唯诺诺、堂堂正正、形形色色、兢兢业业"等。

需要注意的是，利用反复修辞格形成的成语，前后两部分在古汉语中都可单用，并有意义，定型之后，结构固定，整体表达一个特定意义，这与双音节形容词AABB重叠式不同。比如，"堂堂正正"，"堂堂"，指盛大的样子；"正正"，指整齐的样子。语出《孙子·军争》："无邀正正之旗，勿击堂堂之陈（阵），此治变者也。"后来多以"堂堂正正"形容光明正大。这就是利用反复修辞形成的成语。"熙熙攘攘"，语出《史记·货殖列传》："天下熙熙，皆为利来；天下壤壤，皆为利往。"（"壤"，通"攘"。）现在用这个成语来形容人来人往，非常热闹。而一般的双音节形容词的AABB重叠式，比如"漂漂亮亮、干干净净、红红火火、热热闹闹、高高兴兴、平平安安"等，分别是"漂亮、干净、红火、热闹、高兴、平安"临时的重叠，结构并不固定，也并未产生特定的整体意义，因而，这些都不宜归入成语，只是形容词的重叠形式。

第六是**拟人**。即赋予事物以人的情感和行为特点的修辞手法。运用拟人修辞格构成的成语，表达亲切、形象，事物特点突出，情感表现力强。比如，"闭月羞花"，使月亮躲藏，使花儿羞惭，形容女子貌美无比。月亮和花儿，都是非常美好的事物，而躲藏、羞惭，本是人才能做到的，这里赋予月亮、花儿以人的动作和心态，将其人格化，画面生动，富有动态，以显女子貌美。再如"鸟语花香、百花争艳、兔死狐悲、狐朋狗友、春风得意、草木含悲、莺歌燕舞、猫哭老鼠、羊狠狼贪、蝶使蜂媒"等成语，都是将人的情感和动作赋予其他的事物，显得真实、亲切，加深了情感体验。

成语中运用修辞格的例子还有很多，比如，"凄风苦雨"，"凄""苦"本是描写人的词语，在这里被用来描绘风、雨，从侧面烘托人内心的情感，这是运用了"移就"的修辞格。"高抬贵手"，从字面上理解，是让对方的手高抬一点，就可以让人过去，这是一种客套话，表示请求宽恕、通融。这种不直截了当地表达本意，只用委婉曲折的方式流露或暗示想要表达的本意，采用了"婉曲"的修辞格。"捶胸顿足"，捶打胸部，跺着两脚，形容非常悲伤、悔恨或焦急的样子，这是用了"摹状"的修辞格，即将事物的形状、声音、色彩、状态等如实摹写出来。"冷嘲热讽"，"冷""热"，本是一种触觉上的感受，现将其用来描述心理上的感受，这是用形象的语言将感觉转移的一种方式，即"通感"。"何厌之有"，哪里有满足的时候呢？这是"反问"的修辞格，即用疑问的形式表达确定的意思，以加重语气。

我们在平时讲话、写文章时，都喜欢运用成语，因为成语精练形象，言简意赅，具有独特的艺术魅力，这与成语作为一种特殊的语言材料、蕴含着丰富的修辞艺术密不可分。比如，要表现"生气"的情状，运用"摹状"类成语，可以用"勃然大怒";运用"夸张"类成语,可以说"火冒三丈";运用"比喻"类成语,可以用"暴跳如雷"等。修辞艺术,让成语变得独具魅力,也让汉语的表现力异彩纷呈。

3. 夸张、想象与象征

不少成语运用夸张修辞格,充分发挥想象,在客观现实的基础上,对事物的形象、特征、作用、程度等尽力作扩大或缩小的描述,形象鲜明,说服力强,极大地调动了受众的想象力,丰富了感受。

最常见的便是对事物的形象、性质、特征、程度、数量等加以扩大的夸张手法,如"怒发冲冠、气吞山河、垂涎三尺、体无完肤、一日三秋、一字千金、人山人海、万死不辞、呼风唤雨、恍如隔世、望穿秋水、俯拾皆是、泰山压顶"等。扩大夸张的修辞手法,生动地揭示了事物的本质,增强了语言感染力。

还有一种是缩小夸张,如"鼠目寸光、一孔之见、胸无点墨、寸土必争、杯水车薪、沧海一粟、立锥之地、轻于鸿毛、举手之劳"等,是故意把事物往低、小、少、弱、浅进行夸张修饰的手法。缩小夸张的表达效果，同样能够突出事物的本质，表达强烈的思想感情。

古人善想象、擅修辞，往往用漫画式的笔法，只用四个字就描绘出活生生的艺术形象。例如"沉鱼落雁、闭月羞花、倾国倾城、面如满月、艳如桃李"都没有直接描写女子美貌，但使用衬托、夸张、折射的手法，妙在引发人们无限的遐想。

为了抒发强烈的情感，或者进行刻意地强调，有些成语用过分的夸饰手段来达到特定的修辞效果。例如"铺天盖地、惊天动地、谢天谢地、花天酒地、上天入地、改天换地、经天纬地、昏天黑地、哭天抢地、地老天荒、天造地设、感天动地、指天画地、幕天席地、瞒天昧地、欺天罔地"，以天、地来强调某种效果。再如"一日千里（极言进展神速）、柔肠寸断（极言伤心）、一泻千里（极言势头很猛）、七窍生烟（极言气愤）、一目十行（极言看书看得快）、一手遮天（极言仗势独裁，霸道无忌）、一身是胆（极言胆量大）、翻江倒海（极言声势浩大）、垂涎三尺（极言非常贪婪的样子）、擢发难数（极言难以数清某人的罪行）、气吞山河（极言气魄大）、目眦尽裂（极言气愤到了极点）、目不交睫（极言长夜不眠）、天花乱坠（极言假话说得极其动听）、万箭攒心（极言内心痛苦）、穿云裂石（极言声音高亢嘹亮）、汗牛充栋（极言藏书多）、流血漂橹（极言战争中死人很多）、众口铄金（极言舆论力量大）、敲骨吸髓（极言残酷的压榨盘剥）"等等。这些成语都带有极度的夸张色彩，只是夸张手法潜伏在成语的既定意义之中，人们习焉不察罢了。

相当多的成语，其字面意义往往就是夸张性的，尤其是来源于古代寓言或历史掌故的成语，如"缘木求鱼、南辕北辙、刻舟求剑、煮鹤焚琴、削足适履、掩耳盗铃、掘室求鼠、剜肉补疮"等，在正常人的实际生活中基本是不可能发生的。这种漫画式的笔法对荒诞行为的极度夸张，常成为成语表意的基础，其深层义凭借这个基础产生和存在。这种表面上夸张变形几近荒诞的成语,却闪烁着睿智与哲理的光辉,因而别致有趣,使人们乐于接受并使用。

一些成语中的词语,因文化传统引发的联想而产生了一种稳定的象征义。这种象征义有两个特点,一是用生动具体、可以感知的事物象征抽象的意义;二是用客观事物象征主观心理和情绪。由于从古至今人们反复使用,这些词语产生了固定的文化象征义,例如:

东篱——象征远离尘俗,高洁的品格;

蓬山——象征令人神往的仙境;

新亭——象征忧国伤时的悲愤之情;

桃源——象征脱离尘世的虚幻理想;

南浦、长亭、灞桥、阳关——象征送别;

莼鲈——象征思乡之情;

长门——象征遭冷遇嫔妃的不尽愁怨;

青楼——象征妓院的寻欢作乐;

杜鹃——象征深切的悲哀;

青鸟——象征爱情的信使;

鱼雁——象征远方来信;

豆蔻——象征青春年华;

肝胆——象征真诚的心志；

红豆——象征纯真的爱情；

吴钩——象征杀敌报国的豪迈志向；

秋扇——象征被遗弃妇女的悲愁。

我们再来分析"凌波微步、咏絮高才、破镜重圆、高山流水"这四个成语的象征义。

三国时期诗人曹植，才高八斗，文名远播。他在《洛神赋》中描写洛神步态之美："体迅飞凫，飘忽若神。凌波微步，罗袜生尘。"后以"凌波微步"形容女子之步履轻盈。

东晋谢安合家聚谈，户外大雪纷扬，谢安指飞雪问："白雪纷纷何所似？"侄子谢朗说："撒盐空中差可拟。"侄女谢道韫道："未若柳絮因风起。"谢安听后赞赏侄女才思不凡。后世称妇女有诗才，辄以"咏絮高才"赞誉之。

南朝陈太子舍人徐德言，其妻为陈后主的妹妹乐昌公主。因天下大乱，恐夫妻失散，遂破铜镜为二，夫妻各执一半，相约他年正月十五卖镜于市以谋晤合。未几，陈朝被隋所灭。公主被隋朝重臣越国公杨素所获，极受恩宠。徐德言流离至京城，遇一仆在街头叫卖破镜，正与自己藏的半边契合。遂题诗："镜与人俱去，镜归人不归。无复嫦娥影，空留明月辉。"仆持诗归，公主见诗，悲泣不食。杨素知情后，大为感动，让他们夫妇团聚。后以"破镜重圆"喻夫妻离散后重新团圆。

春秋时俞伯牙操琴，其曲托意深婉，常人难解，仅有钟子期能够欣赏。伯牙鼓琴，志在高山，钟子期赞曰："善哉，峨峨兮若泰山。"伯牙旋又志在流水，钟子期叹曰："善哉，洋洋兮若江河。"后来，钟子期去世，伯牙痛失知音，废琴终身不弹。后遂以"高山流水"象征知音难遇，也指乐曲绝妙。

成语的夸饰修辞与象征手法，极大地强化了修辞效果，能给人留下难以忘怀的印象。

五　微言成大用

成语是汉语言文化的一座宝库，储存着取之不尽、用之不竭的宝藏。在社交口语或案头写作时，人们要斟酌选用哪些词语时，成语自然在选择之列。使用成语传情达意，具有广泛的适切性，足可取精用弘，左右逢源。例如：

描写四季景物：春天——阳春三月、春光明媚、春回大地、春暖花开、春意盎然、百鸟鸣春、百花齐放、莺歌燕舞、万紫千红等；夏天——赤日炎炎、骄阳似火、鸟语蝉鸣、万木葱茏、枝繁叶茂等；秋天——秋高气爽、天高云淡、秋风送爽、金桂飘香、北雁南飞等；冬天——天寒地冻、滴水成冰、瑞雪纷飞、冰封雪盖、白雪皑皑等。

描写一天时辰：早晨——东方欲晓、旭日东升、雄鸡报晓等；中午——烈日当头、丽日临空、艳阳高照等；傍晚——日落西山、残阳如血、百鸟归林、华灯初上、夜幕低垂等；夜晚——夜深人静、月明星稀等。

形容数量众多：色彩多（五彩缤纷）、类别多（千差万别）、花样多（五花八门）、困难多（千辛万苦）、话语多（滔滔不绝）、读书多（博览群书）、见识多（见多识广）、变化多（千变万化）、行程多（走南闯北）、观众多（座无虚席）、贵宾多（高朋满座）、行人多（摩肩接踵）、人才多（人才济济）、兵马多（千军万马）、事物多（林林总总）等等，还有"包罗万象、琳琅满目、美不胜收、目不暇接、无奇不有、无穷无尽、无所不包、眼花缭乱、洋洋大观、一应俱全、俯拾皆是、不胜枚举"等。

描写人的容貌气质或体态的成语：闭月羞花、沉鱼落雁、出水芙蓉、明眸皓齿、美如冠玉、倾国倾城、国色天香、鹤发童颜、眉清目秀、冰清玉洁、雍容华贵、文质彬彬、威风凛凛、老态龙钟、虎背熊腰、如花似玉、容光焕发、落落大方、五短身材、骨瘦如柴、大腹便便、蓬头垢面、弱不禁风等。

描写昂扬意志的成语：乘风破浪、顶天立地、鸿鹄之志、九天揽月、老骥伏枥、老当益壮、力争上游、壮志凌云、猛志常在、磨杵成针、移山倒海、愚公移山、知难而进、中流击楫、自力更生、自强不息、有志者事竟成、燕雀安知鸿鹄之志等。

成语广博的内容和简洁的形式常能达到完美统一，结构简约但意义深邃，这便为成语的实际应用留下了广阔空间。例如：

"乐水乐山（乐读 yào）"，出自《论语》："智者乐水，仁者乐山。智者动，仁者静。智者乐（lè），仁者寿。"字面义：智者喜欢水，仁者喜欢山。其真正的含义是：智者像水一样灵活变通，而仁爱的人像山一样平静稳定。在大自然里，山，矗立不变、包容万物；水，看似柔弱，却具有一种永恒的动力。智者就像流水一样随机应变，在活跃的动态中呈现乐观的生机。仁爱者却如山岳一样平静稳定，高瞻远瞩，宽容仁厚，不忧不惧。

《左传·庄公十年》记载：齐国和鲁国在长勺开战。鲁庄公要下令出击，大夫曹刿说不行。一直等到齐军三次击鼓之后，曹刿才说可以击鼓进军了。结果鲁军大胜。战后，曹刿对庄公说：作战靠勇气，第一通鼓振作起斗志，第二通鼓士气衰落，第三通鼓勇气就耗尽了。敌方耗尽了勇气，而我方却士气正旺，这就是克敌制胜的原因。成语"再衰三竭"用四个字就概括了"曹刿论战"的复杂过程，后用来形容力量一再消耗，士气不能振作；而"一鼓作气"则形容憋足了劲，气势十足地获得最后成功。

"车水马龙"，源于《后汉书·明德马皇后纪》："前过濯龙门上，见外家问起居者，车如流水马如游龙，仓头衣绿褠，领袖正白，顾视御者，不及远矣。"翻译成现代汉语就是：前几天路过濯龙园门前，看见从外面到舅舅家拜望、请安的，车子像流水那样不停地驶过，马匹往来不绝，好像一条游龙，招摇得很。他们家的佣人，穿戴整齐，袖套是绿色的，领子和袖子雪白，再看我（皇后）的车上，比他们差远了。南唐后主李煜《望江南》："还似旧时游上苑，车如流水马如龙，花月正春风。"将"车如流水马如游龙"浓缩为四字格成语"车水马龙"，用来形容街市繁荣热闹的景象。

成语高度的浓缩性，给人留下了丰富的想象空间。短短四字，如"滥竽充数"，南郭先生

从混吃混喝，到战战兢兢地怕露出马脚，到装模作样地坦然蒙混，再到最后做贼心虚地仓皇出逃，我们可以充分地在脑海中还原这个故事。其他成语如"东施效颦、画蛇添足、守株待兔、叶公好龙、杯弓蛇影"等，我们都可以调动想象力去补充其丰富的内容的细节。

成语内容丰富而又形式简约，也使其成为在生活应用中选料取材的宝库。从成语中择取意义深远的两个字为新生儿起名字，是传统取名法之一。例如：

一个四字格的成语，有时可以产生两个典雅的人名，请看：

居安思危→韦居安／成思危，任重致远→王任重／马致远，腾蛟起凤→何腾蛟／朱起凤，鹏程万里→杜鹏程／杨万里，冰心玉壶→谢冰心／范玉壶，龟年鹤寿→李龟年／王鹤寿，玉树琼枝→王玉树／沈琼枝，玉成其美→陈玉成／陈其美。

第一字与第三字相同，且寓意深长的四字格成语，往往是为兄弟或姐妹二人取名的好素材，例如：

克勤克俭→李克勤/李克俭，乃文乃武→杨乃文/杨乃武，允文允武→虞允文/虞允武，佩韦佩弦→朱佩韦/朱佩弦，立人达人→谭立人/谭达人，至善至美→叶至善/叶至美，美轮美奂→程美轮/程美奂，乐山乐水→冯乐山/冯乐水等。

从四字成语中选取两个字命名的例证，更多不可数，例如：

龚自珍（敝帚自珍）、刘海粟（沧海一粟）、胡慧中（秀外慧中）、徐特立（特立独行）、张大千（大千世界）、耿其昌（五世其昌）、熊自牧（卑以自牧）、程泰来（否极泰来）、郑颐寿（期颐之寿）、周树人（百年树人）、梁超然（超然物外）等。

更为巧妙的是：从四字成语中择取三个字，以姓连名成意。这类姓名格外引人注目，例如：

马识途（老马识途）、周而复（周而复始）、万籁鸣（万籁齐鸣）、安若素（安之若素）、钟毓秀（钟灵毓秀）等。

除人名之外，小说、戏剧、电影、电视剧等文艺作品以成语命名的，数量也很多。例如：

戏曲剧目《八仙过海》《霸王别姬》《百鸟朝凤》《逼上梁山》《才子佳人》《负荆请罪》《雏凤凌空》《假途灭虢》《龙凤呈祥》等；

国产影片片名《南征北战》《兵临城下》《枯木逢春》《大浪淘沙》《林海雪原》《归心似箭》《万水千山》《欢天喜地》《冤家路窄》《柳暗花明》《好事多磨》等；

外国电影译制片《出水芙蓉》《真相大白》《窈窕淑女》《脱胎换骨》《鸠占鹊巢》《天崩地裂》《虎口余生》《卷土重来》《背水一战》《非礼勿视》《借刀杀人》《老无所依》《返老还童》《偷天换日》等。

成语的达意传情既浓缩又丰富，仅从成语命名这个侧面，我们就可窥见，在社会实际应用方面，成语给后人留下了广阔的应用空间。

成语的魅力不仅体现在一般感性的微观使用上，还体现在启发学者进行宏观探索、逻辑归纳和理性思考上。例如，一些成语，我们司

空见惯,成为我们说话和写作的习用语,但往往不探究其本原出处,例如出自伟大诗人杜甫的诗作中的一些成语:

锦绣山河——秦城楼阁烟花里,汉主山河锦绣中。(杜甫《清明》)

饱经风霜——层轩皆面水,老树饱经霜。(杜甫《怀锦水居止》)

发人深省——欲觉闻晨钟,令人发深省。(杜甫《游龙门奉先寺》)

弱不禁风——乱波纷披已打岸,弱云狼藉不禁风。(杜甫《江雨有怀郑典设》)

雾里看花——春水船如天上坐,老年花似雾中看。(杜甫《小寒食舟中作》)

哀丝豪竹——酒肉如山又一时,初筵哀丝动豪竹。(杜甫《醉为马坠,群公携酒相看》)

冰雪聪明——冰雪净聪明,雷霆走精锐。(杜甫《送樊二十三侍御》)

不废江河——尔曹身与名俱灭,不废江河万古流。(杜甫《戏为六绝句》)

翻云覆雨——翻手作云覆手雨,纷纷轻薄

何须数。(杜甫《贫交行》)

对"大江东去、风流人物、羽扇纶巾、庐山面目、余音袅袅、不绝如缕"等成语出自宋代文豪苏轼的诗词文赋,大家可能并不陌生。但对于以下这些也出自苏轼作品中的成语恐怕就知者不多了:

风餐露宿——遇胜即徜徉,风餐兼露宿。(苏轼《游山呈通判承议写寄参寥师》)

龙蛇飞动——十年不见老仙翁,壁上龙蛇飞动。(苏轼《西江月》)

千里鹅毛——且同千里寄鹅毛,何用孜孜饮麋鹿。(苏轼《扬州以土物寄少游》)

万人空巷——赖有明朝看潮在,万人空巷斗新妆。(苏轼《八月十七复登望海楼》)

一刻千金——春宵一刻值千金,花有清香月有阴。(苏轼《春夜》)

一念之差——我本三生人,畴昔一念差。(苏轼《次韵致政张朝奉仍招晚饮》)

蝇头微利——蜗角虚名,蝇头微利,算来着甚干忙?(苏轼《满庭芳》)

有口难言——有道难行不如醉,有口难言不如睡。(苏轼《醉睡者》)

我们以杜甫和苏轼的作品为诸多成语之滥觞为例,旨在说明:第一,正是由于历代杰出作家在文学创作中不复依傍,自铸伟词,才使中华成语宝藏焕发着诱人的异彩;第二,对于一般读者来说,"知其然"足矣!不能要求他们在使用成语典故时必须知道其出处和原本的含义,但如果"知其所以然",那么,成语的使用将更为准确得体,成语的巨大魅力将得到更充分的彰显。例如:

"明日黄花",出自苏轼诗作《九日次韵王巩》,其中有"相逢不用忙归去,明日黄花蝶也愁"句。这首诗写于九月初九重阳节,黄花就是菊花。古人重阳赏菊,已成习俗定例。孟浩然《过故人庄》结尾"待到重阳日,还来就菊花",即言此事。在重阳节那天赏菊,应时到节,时间、景物、心情、氛围皆相宜也。但到了转天(九月初十),即使菊花仍盛开,但毕竟错过了时令,兴味索然。正如八月十六的月饼,行情陡落。

后用"明日黄花"比喻过时的事物或形容时过境迁。

出自唐诗名作的四条成语"白云苍狗、闲云孤鹤、青梅竹马、绿叶成阴",都各自蕴含丰富的情感与寓意。

杜甫《可叹》:"天上浮云似白衣,斯须改变如苍狗。古往今来共一时,人生万事无不有。"用"白云苍狗"比喻世事瞬息万变。

五代诗人贯休颇负诗名,以诗投偈拜见吴越王。诗有"满堂花醉三千客,一剑寒霜十四州"之句。吴越王令其改"十四州"为"四十州",乃可相见。贯休答曰:"州亦难添,诗亦难改。然闲云孤鹤,何天而不可飞?"后以"闲云孤鹤"比喻来去自由,不受羁绊。

李白《长干行》:"郎骑竹马来,绕床弄青梅。同居长干里,两小无嫌猜。"后用"青梅竹马""两小无猜"比喻幼男幼女天真纯洁,彼此相处融洽。

唐代诗人杜牧,在宣城任幕僚时,曾在湖州遇一少女,心颇爱悦,临别相约十年后与她成婚。十四年后,杜牧担任湖州刺史,重临旧地,而当年相约的少女已出嫁三年,并已生二子。杜牧惆怅不已,作《叹花》诗曰:"自恨寻芳到已迟,往年曾见未开时。如今风摆花狼藉,绿叶成阴子满枝。"后以"绿叶成阴"喻女子已出嫁,并生有子女。

出于名家名作的成语已打上"名人效应"的烙印,能引发读者进一步研读原作的兴致,启发学者进行探索、归纳和思考。有的教师在大学语文教学中,布置学生课外完成以"出自某某的成语"为题的小论文(自选某经典著作如《老子》《论语》《庄子》《孟子》《荀子》《韩非子》《左传》《战国策》《史记》《汉书》等,或自选某杰出诗人的作品如屈原、李白、杜甫、白居易、韩愈、刘禹锡、李商隐、苏轼、辛弃疾、陆游等），启发引导学生认真阅读原著，从中择取有关成语，搜寻积累选取语料，完成文章。在推动阅读、促进探研、锻炼写作的基础上，深化了对成语的理论认识，一举多得，值得推广。

在中小学中，除在语文课堂推进成语教学之外，倡导课余时间学习成语，也可作为学校素质教育的一部分。可以用生动活泼、情趣盎然的形式，充分发挥成语的魅力，使学生在轻松愉快的成语学习中明了史事、接受人文熏陶，例如成语谜语、歇后成语、成语接龙、成语填空等趣味成语学习形式。

成语谜语，要求根据谜面猜出四字格成语的谜底，例如"导游"（谜底：引人入胜）、"跷跷板"（谜底：此起彼伏）。有些妙趣横生的谜语，其设计可谓匠心独运，如"祖孙回家"（谜底：返老还童）、"只看中间"（谜底：不相上下）、"狠心弃女"（谜底：一掷千金）等等。其中包含了歧解（如"返老还童"的"返还"）、多义（如"不相上下"的"相"）、谐解（如"一掷千金"的"千金"）等特殊的表现手法，使猜谜活动充满了睿智与谐趣。

歇后成语，即歇后语的后半部分为四字格成语，仅以历史人物或事件为题材者说明："包公断案——铁面无私"，"扁鹊开药方——药到病除"等等。妙在将成语学习和历史知识的运用结合在一起。

成语接龙，旨在提高掌握成语的熟练程度和锻炼敏捷的反应能力。例如：火树银花—花红柳绿—绿水青山—山高水长—长命百岁……

此外，人们对同形异义的成语，颇感兴趣，由此引发深入推究，亦能大获裨益。例如："难（nán）兄难（nán）弟"和"难（nàn）兄难（nàn）弟"——"难（nán）兄难（nán）弟"出自《世说新语·德行》，陈元方的儿子和陈季方的儿子争论父亲的功德，相持不下，求教于祖父陈寔。陈寔说："元方难为兄，季方难为弟。"后以"难兄难弟"形容同列的人水平难分高下。还是这四个字，但"难（nàn）兄难（nàn）弟"却指彼此共患难的人，或彼此处于同样困难境地的人。

"臭(xiù)味相投"和"臭(chòu)味相投"——"臭(xiù)味相投"指同类的人思想、作风互相投合,感情色彩属于中性。而民间使用的"臭(chòu)味相投"则指品质差的人一拍即合,明显属于贬义。

有些成语,其部分词语是相同的,但其表意差别很大,例如:

"骑马找马"和"骑驴觅驴"——"骑马找马"比喻暂时做某一工作,同时寻找更好的工作,与"吃着碗里瞧着锅里"近义,也比喻先取得小利,再谋大利。"骑驴觅驴"却比喻东西就在自己手里或身边,却盲目地四处寻找。

"口齿生香"和"口角春风"——"口齿生香"指满口连牙齿都觉得是香的,比喻所读的作品意味深长;"口角春风"则指替人说好话。

"顾盼生姿"和"顾盼自雄"——"顾"和"盼"都是看的意思。"顾盼生姿"指左右环顾,神采飞扬,目光动人;"顾盼自雄"指左右环顾,自以为了不起。

"兰摧玉折"和"兰艾同焚"——"兰摧玉折"

指兰草遭摧残,美玉被折断,比喻好人不幸夭亡,或比喻为坚持高尚节操而死;"兰艾同焚"的"兰"指兰草,"艾"指野草,比喻不分好坏,同归于尽。

成语内涵的复杂性,为无数后人孜孜不倦的探索,留下了广阔的空间,这也是成语诱人魅力之所在。

第三讲

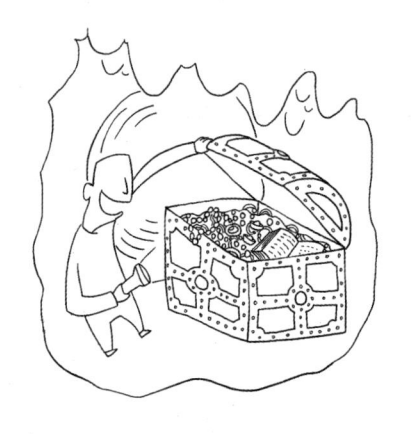

琳琅宝藏

一 古代汉语研究的宝库

成语是一种特殊的词语,其产生和定型的过程,揭示了词汇产生、发展的某些规律。成语的来源和定型方式有多种。有的源自古代神话传说;如"开天辟地、夸父追日、精卫填海、愚公移山"等。有的如"狐假虎威、鹬蚌相争、刻舟求剑、自相矛盾、画蛇添足"等是由寓言故事提炼概括而成，而"破釜沉舟、三顾茅庐、风声鹤唳、一箭双雕、口蜜腹剑"等是由历史故事概括而成。至于截取古书的文句用为四字成语的更为普遍。如"有条不紊"取自《尚书·盘庚》："若网在纲，有条而不紊。""举一反三"取自《论语·述而》："举一隅，不以三隅反，则不复也。""胸有成竹"取自宋代苏轼《文与可画筼筜谷偃竹记》："画竹必先得成竹于胸中。"诸如此类，不胜枚举。直接沿用古人四字文句作为成语的也很多。如"痛心疾首"取自《左传》："斯是用痛心疾首，昵就寡人。""分庭抗礼"取自《庄子·渔父》："万乘之主，千乘之君，见夫子未尝不分庭伉礼。""奴颜婢睐"取自《抱朴子·交际》："以岳峙独立者为涩吝疏拙，以奴颜婢睐者为晓解当世。""忧心忡忡"出自《诗经》，"外强中干"出自《左传》，"以逸待劳"出自《孙子》。还有一些则是由简入繁，如"披肝沥胆""短兵相接"便是分别由最初的"披肝胆"

和"短兵接"繁衍而成。

以上所做的小部分列举，旨在说明很多成语是来源于古代文献典籍的，也因此保留了许多文言词的读音、写法、意义以及古汉语中的语法、修辞等，可以说，成语是一份难得的具有研究分析价值的词汇"标本"和语言"遗产"，是语言的"活化石"，对汉语语音、文字、词汇、语法学等研究具有非常重要的参考价值。

1. 古汉语的音形之踪

有些成语中的语素保留了古汉语时的读音、字形。例如："贾（gǔ）"，一个义项为"售卖"，保留在"余勇可贾"中。再如，"被（披）发文身、博闻强识（志）、一暴（曝）十寒、再接再厉（砺）、图穷匕见（现）、匪（非）夷所思"等成语，保留着许多通假字，音义都从本字。

2. 古汉语的词义之迹

有些成语中的语素或词保留着古汉语时的意义。

有不少古汉语中的单音节词，在漫长的发展过程中，其意义或引申，或分化，本义已不常见,但在成语中却还能寻觅到其踪影。比如"赴汤蹈火"的"汤"指热水,不是指"肉汤、菜汤";"休戚相关"的"休"指"喜悦",不是指"休息、停止";"短兵相接"的"兵"指"兵器",不是指"士兵、军队";"化险为夷"的"夷"为"平安",不是指"外族";"绳其祖武"的"绳"指"遵循",不是指"绳索、捆绑",而其中的"武"指"脚印",不是指"武器、军事"等等。如果不了解这些词的古义,就容易将成语的内涵理解错误。

还有一些成语中的两个相邻的单音节词,在长期的历史使用进程中逐渐凝固为双音节词,意义发生转移、偏指等。例如"提纲挈领"的"提"指"举起","纲"指"渔网的总绳";"身体力行"的"身"指"亲身","体"指"体验";"求全责备"的"责"指"要求","备"指齐全等等,都不是今天双音节词所通行使用的意思。

有些成语中的词语,虽然也是双音节词,但是古今意义大不相同。例如:"奉行故事","故事"指"先例";"贻笑大方","大方"指"见识广博的人"。还有些成语,词义内涵或感情色彩整个发生了变化。比如"粉墨登场"原指化装登台演戏，现用来讽刺某些人登上了政治舞台；"道貌岸然"原本形容神态庄重严肃，现用来形容故作正经，表里不一之状。

3. 古汉语的语法之影

不少成语还保留了古汉语中的句式、语法特点。比如词类活用现象，在成语中比比皆是。甚至可以说，古汉语词类活用的例子，几乎全都可以在成语中找到。

（1）名词的活用

①名词用做动词。如："不可救药"的"药"（医治）；"有口皆碑"的"碑"（成为纪念碑）；"朝秦暮楚"的"秦"（倒向秦国），"楚"（倒向楚国）；"衣锦还乡"的"衣"（穿戴）；"心猿意马"的"猿"（像猿跳跃），"马"（似马奔跑）；"客死他乡"的"客"（客居）。

②名词的使动用法。如："汗牛充栋"的"汗"（使出汗）；"兵不血刃"的"血"（使沾血）；"灾梨祸枣"的"灾、祸"（使做印刷版用的梨木和枣木遭受灾祸，形容滥印书籍）；"生死肉骨"

的"生、肉"（使之复活，使之长出肉来）；"汗颜无地"的"汗"（使出汗，形容面带羞愧）。

③名词的意动用法。如："草菅人命"的"草菅"（把……看得跟野草一样）；"鱼肉百姓"的"鱼肉"（把……视为任意宰割的鱼和肉）；"千金一刻"的"千金"（把……视为价值千金）；"幕天席地"的"幕、席"（把……看作帷幕，把……当成席垫）；"经邦纬国"的"经、纬"（把……当作经纬）；"友风子雨"的"友、子"（把……当作朋友，把……当作儿子）等等。

④名词作状语。如："蚕食鲸吞"的"蚕、鲸"（像蚕一样,像鲸一样）；"草行露宿"的"草、露"（在野草中，在露天）；"泥塑木雕"的"泥、木"（用泥巴做的,用木头刻的）；"星罗棋布"的"星、棋"（像星星一样，像棋子一样）；"云集响应"的"云、响"（像云朵一样，像回声一样）；"道听途说"的"道、途"（在路途上）；"管窥蠡测"中的"管、蠡"（用竹管看天,用水瓢量海）等等。

⑤方位名词作状语。如："南征北战"的"南、

北"（向南方，到北方）；"东倒西歪"的"东、西"（朝东边，往西边）；"上窜下跳"的"上、下"（往上边，在下边）；等等。

（2）动词的活用

①动词用如名词。如："救死扶伤"的"死"（将死的人）和"伤"（负伤的人）；"道不拾遗"的"遗"（丢失的财物）；"兴灭继绝"的"灭、绝"（已灭绝的事物）；"混淆视听"的"视听"（听到的和看到的事情）；"招降纳叛"的"降"（投降的人）和"叛"（叛变的人）。

②动词的使动用法。如："降龙伏虎"的"降、伏"（使……降伏）；"起死回生"的"起、回"（使……活过来）；"沉鱼落雁"的"沉、落"（使……沉，使……落）；"翻天覆地"的"翻、覆"（使……翻覆）；"回心转意"的"回、转"（使……回转）；"众口铄金"的"铄"（使……熔化）。

③动词作状语。如："坐视不救"的"坐视"（坐着看）；"啸聚山林"的"啸聚"（呼喊着聚集在一起）；"坐收渔利"的"坐收"（坐着收取）；"迎刃而解"的"迎刃"（迎着刀刃）。

（3）形容词的活用

①形容词用如名词。如："大智若愚"的"智"（聪明的人）；"扶老携幼"的"老幼"（老人和孩子）；"新陈代谢"的"新、陈"（新事物和旧事物）；"成人之美"的"美"（好事）；"居高临下"的"高"（高处）；"激浊扬清"的"浊"（污浊的事物），"清"（清纯的事物）。

②形容词用如动词。如："敬而远之"的"远"（远离）；"耳熟能详"的"详"（详细地说出来）；"高枕而卧"的"高"（垫高）；"皓首穷经"的"皓"（头发渐渐变白）。

③形容词使动用法。如："打草惊蛇"的"惊"（使……不安）；"富国强兵"的"富"（使……富庶）和"强"（使……强大）；"息事宁人"的"息"（使……平息）和"宁"（使……安静）；"一鸣惊人"的"惊"（使……惊奇）；"除暴安良"的"安"（使……安定）。

④形容词意动用法。如："不耻下问"的"耻"（以……为耻）；"不远万里"的"远"（以……为远）；"厚古薄今"的"厚"（以……为厚，重视）和"薄"（以……为薄，轻视）；"食不甘味"的

"甘"(以……为甘甜);"乐于助人"的"乐"(以……为快乐);"贵耳贱目"的"贵"(以……为贵)和"贱"(以……为贱)。

(4)除了词类活用,成语中还保留了不少古汉语中的特殊句式。比如:

宾语前置:时不我待、唯命是从、何罪之有、唯利是图;

状语后置:相濡以沫、相敬如宾、无济于事、嗤之以鼻;

判断句式:言为心声、草木皆兵;

被动句式:见笑大方、金石为开;

省略句式:习以为常、一叶知秋;

互文见义:善男信女、南来北往;

偏义复词:死去活来、生离死别。

通过成语了解古今汉语的差异,可以揭示汉语进化、变革的承传关系和发展趋势。

二 中华历史文化的家园

汉语成语的创造、积累是以漫长的中国历

史为土壤和背景的,在时间上几乎伴随了中国文明社会历史发展的全过程。可以说,成语既是中国传统文化的重要组成部分,又是储存民族文化的仓库和展示民族文化的窗口。

1. 展现古人生活方式

若要了解古人的生活方式,成语是一个极佳的途径。例如:

成语中有不少条目都涉及古人的饮食起居。

"日出而作,日入而息"和"夙兴夜寐"反映了早期人类的日常起居规律。

"绠短汲深""背井离乡",显示凡有井水饮处便有人家。

"钟鸣鼎食"形容富贵人家奢侈豪华的生活,吃饭时要奏乐,还要排列好几个鼎。"钟"是乐器;"鼎"是古代的一种炊具,又为盛熟牲之器,多为圆形,三只脚,下面可以烧火,烧熟了就在鼎中取食,多用陶土或青铜制成。

"破釜沉舟",比喻下定必死决心,有进无退干到底。"釜",是古代一种炊器,敛口,圆底,或有两耳,用途类似于鬲,置于灶口,一般和甑配合用来蒸煮，有铁制的，也有用铜和陶制成的。

"朝齑暮盐"，是说普通百姓饮食菲薄，生活清苦。其中的"朝齑(jī)"指早餐咸菜就饭，"暮盐"指晚餐用盐下饭。

"饔飧不继"指吃了上顿没下顿，经常断炊。秦汉以前老百姓一日两餐，朝食叫"饔（yōng)"，夕食叫"飧（sūn)"。因而，"饔"指早餐，"飧"指晚餐。

"甑尘釜鱼"，甑里落满了尘土，釜里生出了蠹鱼，形容家里贫寒，断炊已久。"甑(zèng)"是一种做蒸食的炊具，底下有孔。

"箪食壶浆"，用箪装着饭食，用壶盛着浆汤。"箪"，古代用来盛饭食的器皿，用竹或苇编成，圆形，有盖；"壶"，容器，敛口，多为圆形，也有方形、椭圆形等，多用来盛液体。

"觥筹交错"，形容很多人聚会饮酒的热闹场景。"觥（gōng)"，是一种盛酒器，椭圆形或方形器身，圈足或四足，带盖，盖做成有角的兽头或长鼻上卷的象头状，有的觥全器做成动物状。

"折冲樽俎",指不以武力而在宴席交谈中战胜敌人。"樽(zūn)"以盛酒,"俎(zǔ)"以盛肉。

中国古代房屋建筑的发展经历了一个漫长的时期,中国古人对房屋建筑的形式和仪制也有诸多的讲究。

原始人从利用天然的巢穴避风挡寒,到后来的浅穴式建筑,再到后来有了地上建筑,至周代时,民居逐渐形成了明确的格局——最外面是大门,门内或门外有"屏",作为屏障的矮墙,即萧墙。"君臣相见之礼,至屏而加肃静焉,是以谓之萧墙。"后来便用"祸起萧墙"比喻祸乱发生在内部,或者身边的人带来灾祸。

门内为"庭",即院子。"门庭若市",形容来往的人非常多,非常热闹。

穿过庭院,便是主体建筑,由堂、室、房组成,都建在高台上。"堂",是主人平时待客、活动的地方,为行礼所在。"济济一堂",用来形容许多有才华的人聚集在一起。

"堂"的南面没有墙,由柱子支撑。"堂"后是"室",是主人休息处。要想"入室",先要由台阶"登堂","登堂入室",便用来比喻学问由浅入深,达到很高的水平。

居室的门叫"户",窗户叫"牖(yǒu)"。"分门别户",便用来比喻分成不同的形式或派别。"蓬户瓮牖",指用蓬草编门,用破瓮做窗,用来指代贫穷人家的住房。

"关门闭户、东窗事发、东床坦腹、西窗剪烛、面南而居",亦显示出古代民居建筑的格局。

"席地而坐、窗明几净、举案齐眉、卧榻之侧、床笫之欢"的"席、几、案、榻、床、笫(zǐ)"等都显示出古代家具卧具的品类。

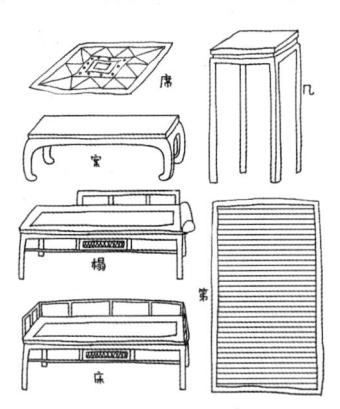

中国是个农业大国，历代封建帝王都"重农抑末"，以农为本，以工商为末，把农业看作是固国宁邦的根底，传统的农业劳作方式在成语中多有体现。

"精耕细作"，谓农业生产中精心细致的耕田劳作。"寒耕热耘"，寒冷时耕种，炎热时除草，形容农事艰辛。"五谷丰登"，反映了古人的生活期待：年成好，粮食丰收。"颗粒归仓"反映了古人对劳动果实的珍重。这些成语都体现了重农、尚农的社会共识。

古代没有今天的水泥路和柏油路，也没有今天的充气轮胎，铁箍围起来的木制车轮在土路上压出深深的辙沟，因此车辆若不能同轨就无法行走。

"图谋不轨"的"轨"指古时车子两轮之间的距离，"如出一辙"的"辙"指双轮在泥路上碾压出的痕迹；俗语说"没辙了"，就是找不到路了，没办法了。

"崛起阡陌""独辟蹊径""康庄大道""阳关大道"都是说古代的道路，其中的"阡陌"

指田间小路,"蹊径"指不能通车的小路,"康庄大道"指宽阔平坦的大路,"阳关大道"本指经过阳关通向西域的大道,即丝绸之路,后泛指通行便利的大路。

"鳞次栉比、门庭若市、酒绿灯红、熙熙攘攘、车水马龙、万人空巷、比肩继踵、万家灯火、歌楼酒肆、歌舞升平"这些成语,告诉我们古代就有繁华的城市生活;

"蒙袂辑屦"形容穷愁潦倒的样子,其中的"蒙袂"指用袖子遮脸,"辑屦"指脚上拖着鞋。"郑人买履"和"买椟还珠"都出自《韩非子》,告诉我们早在战国时期商品经济已经相当发达,已经有了专门制鞋售鞋和经营珠宝并重视商品包装的行业了。

诸如此类成语,除告人以知识外,还常能引发学者对其内容进行深入研讨,甚至成为学术考证的依据。

此外,成语的博大精深,还体现在从成语中能了解不少科学知识、科学原理,了解古代的科技发展情况。例如我国古代天文历法对世界的贡献很大，不少成语与此有关。

古人根据日行和天色把一昼夜分为十二个时段，即十二个时辰，又名"夜半、鸡鸣、昧旦、日出、食时、隅中、日中、日昃（zè）、晡（bū）时、日入、黄昏、人定"。"夜半三更"指深夜时光，"鸡鸣而起"形容勤奋不息，"日中必菒"是说中午的时候一定要将东西拿出来晒，比喻做事要抓紧良机，"日中则昃"常比喻事物盛极则衰或发展到一定程度就会走向反面，"日昃忘食"形容专心致志，孜孜不倦。日出又叫"朝""旦""早""晨"，日入又叫"暮""夕""晚""昏""旰（gàn）"。相关的成语不胜枚举，如"朝三暮四、朝令夕改、晨兴夜寐、早出晚归、昏定晨省、宵衣旰食"等。

再如，从"罄竹难书、名垂青史、断简残篇"等成语，你可以了解，在纸张发明之前，人们是将字刻写在竹简上的；从"半斤八两"，你能了解到，我国过去曾实行与现在1斤等于10两不同的1斤等于16两的计量制；从"月晕而风、础润而雨"可以知道古人对气象变化的把握；"方枘圆凿",则展示出我国古代的木器制作技艺,人们在用木料制作器具时,凿出的卯眼叫作凿,削成的榫(sǔn)头叫作枘(ruì),凿和枘的大小形状必须完全一致才能合适地装配起来,而方形的榫头是不能固定在圆形的卯眼里的,所以后来用此成语比喻双方意见不合,不能相容,配合不好;"钩心斗角",现在用来比喻用尽心机、明争暗斗,若是探寻本源,则可以认识到这个词原指古代建筑交错有致的精巧技艺。

2. 反映古人价值观念及信仰

成语作为一种历史文化的产物和表征,必然传递出某些社会特点和社会心理,使后人循此得到对过往时代价值观念、行为准则的了解。

儒家思想在我国传统文化中一直占据主导地位，体现儒家思想文化中关于人的修养、品行的成语比比皆是。比如：

"杀身成仁、仗义执言、舍生取义、见义勇为"等，体现了儒家思想的核心"仁义"的价值观念；

"忠孝两全、精忠报国、忠肝义胆、斑衣戏彩、慈乌反哺"等，是"忠孝"的反映；

"一诺千金、一言九鼎、言必信行必果、一言既出驷马难追"等，体现出对"诚信"美德的追求；

"既往不咎、三思而行、独善其身、自利利他"等，表现出古人修身养性上的观念；

"与人为善、助人为乐、急公好义、仗义疏财、雪中送炭"等，给出了为人处世、待人接物的行为指南。

儒家文化中迂腐的一面便是封建礼教。封建礼教是封建社会中等级秩序的标志、人际关系的准则，对社会有着极为深刻的规范控制功能。"三纲五常、忠孝节义、君辱臣死"等成语便是封建伦理观念的集中体现。

封建礼教对妇女的束缚和压迫尤其深重，经济地位的不平等以及女性缺乏独立的经济权利，导致妇女处于社会底层，不少成语反映出妇女的地位和状况。

"男尊女卑"，直接表现的便是以男性为中心的封建伦理观。

"三从四德"，是封建礼教束缚妇女的道德规范：三从是"女子未嫁从父，既嫁从夫，夫死从子"；四德是"妇德、妇言、妇容、妇功"，即"德言容功"。

"嫁鸡随鸡，嫁狗随狗"，原是"嫁乞随乞，嫁叟随叟"，封建礼教认为，女子出嫁后，不论丈夫好坏，都要永远跟从。

"夫唱妇随"，原意是要求妇女必须服从丈夫，后来用来比喻夫妻和美相处。

"授受不亲"，指男女不能亲手递受物品。

"三贞九烈"，旧时用来赞扬妇女宁死不改嫁、不失身的节操，有"饿死事小，失节事大"之说。

这些成语，反映着当时封建社会的畸形婚姻关系和伦理道德。

民俗是民间的风俗习惯，是传统文化的重要方面。它由民众创造而世代传承，既反映了先民遗风，也展现出当下的世态人情。成语虽然来源众多，但其产生、定型，无一不植根于生活的土壤，因此从成语中我们也能管窥传统的民俗风情与民众生存状况，而这些丰富的民俗文化要素，也可以为我们探究民族文化心理提供很好的素材。

中华民族在漫长的历史发展过程中逐渐形成了一整套婚丧嫁娶的制度和习俗。

在古代，男女到了一定的年龄，父母便要为其选择门第相当的人作为配偶。男女要缔结婚约，必须经过"父母之命，媒妁之言"，"媒妁"即男女婚姻的介绍人，男称"媒"，女称"妁"。要体现郑重，还要经过"三媒六证"，再按照传统仪式正式迎娶，即"明媒正娶"。

秦汉时期，统治者以"身体发肤，受之父母，不敢毁伤"为由，推行土葬，土葬遂成为汉民族的通用葬式，并世代沿袭。汉民族讲究死者要保存全尸，埋入土中，死者方得安息，生者方觉心安，即"入土为安"。白色是汉族传统丧服的颜色，穿白衣白鞋，包白帕戴白帽，披着麻，戴着孝以示对死者的哀悼，成语"素车白马""披麻戴孝"即体现了这一丧葬礼俗。

不少成语中也体现出宗教元素及宗教的发展状况，例如：佛教对中国传统文化的影响很大，尤其对汉语词汇的发展起了积极的推动作用。魏晋以后，随着佛教在中国的发展以及佛经的翻译，大量佛教词汇也融入了汉语词汇。

"四大皆空、回头是岸、因果报应"，宣传的是佛教的基本教义；

"一刀两段、拈花微笑、天花乱坠"讲述的是佛教典故；

"瓮中捉鳖、逢场作戏、当头棒喝"则是禅宗公案；

"五体投地、晨钟暮鼓、顶礼膜拜、衣钵相传"等表现了佛教的礼仪制度……

这些源自佛教的词语，极大地丰富了汉语词汇，使得汉语表达更加丰富多彩。

3. 展示古代文学艺术面貌

中国古代文学艺术绚烂多彩，取得了巨大的成就，不少成语对古时的文学艺术发展状况都有所体现。例如，很多成语表现出文学史上的某个事件，如：

"洛阳纸贵"出自《晋书·左思传》："于是豪贵之家竞相传写，洛阳为之纸贵。"讲的是晋代文学家左思的故事。左思写成《三都赋》之后，虽历经磨难，作品终获认可，洛阳权贵之家，争相传抄左思的作品，洛阳的纸张竟至一时供不应求，货缺而贵。后来用来比喻作品为世所重，风行一时，流传甚广。

这类成语还有"江郎才尽、煮豆燃萁、才高八斗、咏雪之慧、梅妻鹤子"等，为我们展示出古人清雅高洁的精神生活以及对超群才华的仰慕。

还有一些成语，表现出古人文学鉴赏、批评的观念。比如：

"春秋笔法"，据传来源于孔子作《春秋》。历史上，左丘明最先对这种笔法作了精当的概括："《春秋》之称，微而显，志而晦，婉而成章,尽而不污,惩恶而劝善,非贤人谁能修之?"虽然不直接阐述对人物和事件的看法,却通过细节描写、修辞手法(例如词汇的选取)和材料的筛选,委婉而微妙地表达作者的主观看法。现在它已成为文字隐晦、文笔婉转而含有褒贬意味的写作风格的代称。

"行云流水",本出宋代苏轼的《答谢民师推官书》:"所示书教及诗赋杂文,观之熟矣,大略如行云流水,初无定质,但常行于所当行,常止于不可不止。"后用"行云流水"形容文章自然不受约束,就像飘浮着的云和流动着的水一样。

此类成语还有"郊寒岛瘦、元轻白俗、出神入化、呼之欲出、匠心独运、微言大义"等。这些成语,为文学研究提供了重要参考,也丰富了文学鉴赏的表达形式。

成语也为后人了解我国古代艺术发展的状况以及进行艺术欣赏提供了重要的参照。比如:

古代乐器分八类,即"金、石、丝、竹、匏、土、革、木",是称"八音"。成语"胶柱鼓瑟、滥竽充数、室如悬磬、哀丝豪竹、断金裂石、巧舌如簧、琴棋书画、鸣锣开道、黄钟毁弃"等成语，分别用了一些乐器的名称，有不少乐器在今天已经很少见了。

"阳春白雪、下里巴人、黄钟大吕、高山流水、靡靡之音、曲高和寡"等，表现出音乐的不同流派和风格；

"余音绕梁、穷极要妙、余音袅袅、不同凡响、击节叹赏、弦外之音"等，让我们感受到音乐欣赏的美妙状态；

"五音六律、一板三眼、抑扬顿挫、有板有眼、引商刻羽"等，则充实了民族音乐理论。

此外，书法、绘画、戏剧等其他艺术门类也在成语中多有体现。比如：

"粉墨登场、插科打诨、锣鼓喧天、不瘟不火、大打出手"等，原都是描摹戏剧情状的成语。

"妙手丹青、胸有成竹、烘云托月、兔起鹘落、双管齐下"等，都是形容绘画技巧的成语。

"力透纸背、颜筋柳骨、入木三分、笔走龙蛇、矫若惊龙"等，都是鉴赏书法艺术的成语。

而这些有关文学艺术的成语，同样也会给

读者带来艺术的熏陶和享受。

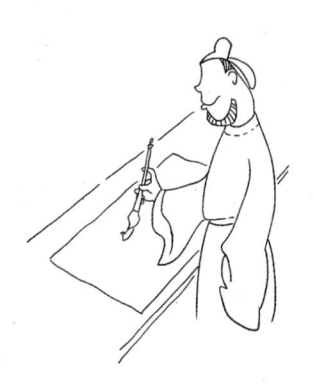

4. 汇聚古代思想哲理之光

成语是中华民族智慧的结晶,其所表达的思想、哲理丰富而深刻。其中既有对自然界事物本质的深刻洞察,又有关于社会人生经验、人情世故的体察和感悟。

许多成语蕴含着哲学思维方法,能够深刻揭示事物的本质规律。比如:

"物极必反",意思是事物发展到极端,就会向相反的方向转化。这个成语,蕴含着"万物消长盛衰,周而复始"的哲学思想。类似的成语还有"否极泰来、过犹不及、乐极生悲、防微杜渐、千里之行始于足下"等,都与今天我们熟悉的"量变引起质变"和"事物对立转化"等原理相吻合。

"一叶知秋",比喻由细微的迹象看出形势的变化,由现象或部分就能推知本质或全体。这个成语蕴含着"事物都是普遍联系的"哲学思想,告诉我们:一切事物都不是孤立的,都与周围的事物有着有机联系,我们要学会从事物的本质联系上看待事物,分析问题,克服孤立地看问题、就事论事的毛病,类似的成语还有"唇亡齿寒、城门失火殃及池鱼、水涨船高"等。

"纲举目张、牵一发而动全身"体现"要抓事物主要矛盾"的思维方法;"因材施教、量体裁衣"则体现"具体问题具体分析"的思维方法。

成语中有不少源于古代寓言。寓言是用短小精悍的故事来寄寓意味深长的道理,从寓言中转化而来的成语蕴含着丰富的人生哲理,给人们以深刻的启示。这类成语数量颇多,诸如:

愚公移山、刻舟求剑、掩耳盗铃、自相矛盾、拔苗助长、狐假虎威、鹬蚌相争、画蛇添足、井底之蛙、庖丁解牛、望洋兴叹、塞翁失

马、歧路亡羊、惊弓之鸟、南辕北辙、疑人偷斧、杯弓蛇影、东施效颦、邯郸学步、郑人买履、螳螂捕蝉黄雀在后

等等。这些成语多源自文学典籍，既有知识索引价值，更以其鲜明的形象性和深刻的哲理性，成为汉语词汇中的珍品，是"深入浅出"说理的典范。

此外，如：

知足常乐、宠辱不惊、大智若愚、韬光养晦、运筹帷幄、有备无患、审时度势、无欲则刚、己所不欲勿施于人

等，包含着为人处世的人生智慧，成为中国人的生存哲学，影响深远。再如：

因材施教、教学相长、有教无类、诲人不倦、晓之以理、循循善诱、举一反三、尺短寸长、学无止境、厚积薄发、融会贯通、学以致用

等，包含的教育思想和学习经验，为今天的教与学提供了丰富的思想营养。另如：

兵不厌诈、兵贵神速、以攻为守、哀兵必胜、围魏救赵、欲擒故纵、暗度陈仓、一鼓作

气、知己知彼百战不殆、声东击西、打草惊蛇、隔岸观火、金蝉脱壳、瞒天过海、偷梁换柱等，包含的军事思想和用兵计谋，至今仍闪耀着智慧光芒。

　　汉语成语蕴含着先民对自然、社会、人生的思考，有的本身就是深刻的哲学命题，这类成语的哲学思想价值是全人类的思想宝库。

第四讲

形义流变

一 成语文字意义的变异

成语虽然具有意义的整体性和结构的凝固性,但经历了久远的历史变迁,少数成语的语义所指发生了很大的变化。例如:

"钩心斗角",出自唐人杜牧《阿房宫赋》:

"五步一楼,十步一阁,廊腰缦回,檐牙高啄,各抱地势,钩心斗角。"最初指宫室建筑错综交叉、精巧工致。后转指诗文布局结构的精巧工致、回环错落。如清人梁绍壬《两般秋雨盦随笔·一·咏物诗》:"近时诗家咏物:钩心斗角,有突过前人者。"而再后来却多用于比喻用尽心机,施展手段,明争暗斗。如近人梁启超《饮冰室文集·二九·莅佛教总会欢迎会演说辞》:"种种钩心斗角、损人利己之卑劣手段,皆由此而生。"

斗角:指屋角相互对峙,好像互戎相斗。

"衣冠禽兽",原指官服的品级。明代根据品级不同,文官袍服分别绣着仙鹤、锦鸡、孔雀……武将袍服绘狮子、老虎、豹子……花团锦簇，耀人眼目。但到了明朝中晚期，官场乌烟瘴气、腐败丛生、鱼肉百姓，官员名声越来越臭。原为褒义的"衣冠禽兽"渐与古语"衣冠枭（xiāo）獍（jìng）"合为一体，变成痛斥贪官污吏的贬义成语，也用来指斥品德败坏、行为如同禽兽的人。"枭"与"獍"是传说中的恶禽恶兽，生而食其母，比喻凶残狠毒的人。

"空穴来风"，意思是有了孔洞才把风招进来，比喻由于自身存在着弱点，流言才会乘虚而入。因此"空穴来风"本义是指"有根据的传言"，而今天人们从"空"字联想到"无"，把这条成语的意思转成了"没有根据的传言"。

"每况愈下"，原作"每下愈况"，"况"，当"甚"讲，表示程度更深的意思。出于《庄子·知北游》，"正获之问于监市履狶（xī）也，每下愈况"，意谓用脚踏猪来估量其肥瘦，越踏在猪的脚胫处，越能显示其肥瘦。因为脚胫处很难长肉，所以越从脚胫的下端来检验，就越能看出整个猪的肥瘦。比喻越从低微的事物上去推论，越能看出真实情况。后来竟然变成了"每况愈下"，"况"

指"情况",形容情况越来越坏。同一成语文字排序发生变化,意思也就截然不同了。

二 成语褒贬色彩的变异

部分成语褒贬色彩鲜明,如"盛气凌人""信口雌黄""肆无忌惮"等明显含有贬义;而"虚怀若谷""任劳任怨""同心同德""大有作为"等明显含有褒义。一般说来,这种感情色彩很难变异,但也应看到,少数成语的感情色彩发生了根本变化,如:

"明目张胆",最初形容公开面对权贵者,敢于伸张正义而无所畏惧。晋人王导《遗王含书》:"导虽不武,情在宁国。今日之事,明目张胆为六军之首,宁忠臣而死,不无赖而生矣。"这时的"明目张胆",指不畏权势、敢说敢为、有胆略、有气概。但不知从哪朝哪代开始,"明目张胆"用来形容公然放胆地干坏事了,变成了贬义词。

"闭门造车",出自古语"闭门造车,出门合辙",意思是说:关上门来制作的大车,推出门使用,和车辙完全适合——赞颂造车工匠手艺精巧,属褒义。但今用"闭门造车",比喻不管客观实际,单凭主观办事,就变成贬义了。

三 成语结构顺序的变异

有些并列结构的成语,结构顺序可以改变,如"单枪匹马"也可说成"匹马单枪","万水千山"也可说成"千山万水",再如:

博古通今 / 通今博古

山盟海誓 / 海誓山盟

铜墙铁壁 / 铁壁铜墙

千钧一发 / 一发千钧

成家立业 / 立业成家

旁门左道 / 左道旁门

但需提醒的是,结构顺序的前后颠倒只限

于一部分并列结构的成语,不是无限的。例如"吃喝玩乐"一般不说成"玩乐吃喝"。

此处还需单独提出**成语的缩略形式**,它主要指在语言运用的实际过程中,为了取得更好的表达效果,对已经定型的四字格成语再加以节缩。这又可以分为"两个近义成语缩合为一"和"四字格成语节缩为二字略语"两种形式。

1. 两个近义成语的缩合为一

有时为了表达的需要,人们从两个近义的四字格成语中,各择取关键的两个字,合成一个新的成语,加以运用。请看以下例句:

①若执一而求之,甚者乃至于废百,则刻舟胶柱之类,恶可与言诗哉!(李东阳《怀麓堂诗话》)

②此刻舟守株之论,不通之甚也!(陈宾《桃源手听》)

③大抵古人诗画,只取兴会神到,若刻舟缘木求之,失其指矣!(王士禛《带经堂诗话》)

例①的"刻舟胶柱"是成语"刻舟求剑"和"胶柱鼓瑟"的缩合为一。例②的"刻舟守株"是成语"刻舟求剑"和"守株待兔"的缩合为一。例③的"刻舟缘木"是成语"刻舟求剑"和"缘木求鱼"的缩合为一。

再如,把"蚍蜉撼树"和"螳臂当车"缩合为"撼树当车",把"长房缩地"和"女娲补天"缩合为"缩地补天",把"凿壁偷光"和"悬梁刺股"缩合为"凿壁悬梁",把"管中窥豹"和"以蠡测海"缩合为"管窥蠡测"等。

把两个意义相近的四字格成语,缩略组合为一个新的成语,应当符合两个条件:一是这两个成语必须意义相近,二是两者的结构必须相同。缩合而成的新成语在结构上应该是并联式的,以"动宾/动宾"式结构(如"撼树当车""画虎刻鹄"等)和"偏正/偏正"式结构(如"管窥蠡测""小疵微瑕"等)为多。

2. 四字格成语节缩为二字略语

四字格成语的表意功能已经很凝练了,但

是在文学创作，尤其在诗歌创作中，为了适应格律或字数的要求，有时还得把四字格成语，再压缩为两个字的词语。例如：

①车鱼郑重知难报，吐握周旋不可论。(李中《哭故主人陈太师》)

②寒士简编穷皓首，野人芹曝抱丹心。(邓文原《三月二十九日上御流杯亭听讲》)

③对西风，先自念莼鲈，又还月生西。(李曾伯《八声甘州》)

④薪胆余生吾有舌，薰莸异类汝无家。(柳亚子《亡友张秋石四十一岁初度》)

⑤与君一席肺肝语，胜我十年萤雪功。(柳亚子《毛主席招谈于红岩嘴办事处》)

以上诗句，都含有由四字格成语缩略为二字词语的成分：例①的"吐握"是成语"吐哺握发"的缩略；例②的"芹曝"是成语"献芹献曝"的缩略；例③的"莼鲈"是成语"莼羹鲈脍"的缩略；例④的"薪胆"是成语"卧薪尝胆"的缩略；例⑤的"萤雪"是成语"囊萤映雪"

的缩略。

这种将四字格成语缩为二字略语，可分为以下五种形式：

取成语的前两字为略语

暴殄天物——暴殄　投笔从戎——投笔

滥竽充数——滥竽　游刃有余——游刃

竭泽而渔——竭泽　含沙射影——含沙

取成语的后两字为略语

程门立雪——立雪　画龙点睛——点睛

味同嚼蜡——嚼蜡　狗尾续貂——续貂

当头棒喝——棒喝　金屋藏娇——藏娇

取成语的第一字和第三字为略语

沧海桑田——沧桑　枯木朽株——枯朽

金城汤池——金汤

取成语的第一字和第四字为略语

泰山北斗——泰斗　胶柱鼓瑟——胶瑟

井底之蛙——井蛙

取成语的第二字和第四字为略语

画蛇添足——蛇足　附赘悬疣——赘疣

响遏行云——遏云

除此以外，还有一种较为特殊的节略形式，就是取成语的第四字和第二字为略语，如：

①老生读书百绝编，日晏忘食夜废眠。(陆游《寓叹》)

②纵擒有策新疆定，叛服何常旧史亡。(吴伟业《滇池铙吹》)

例①的"绝编"是成语"韦编三绝"的缩略；例②的"纵擒"是成语"七擒七纵"的缩略。这类形式比较少见。

四字格成语的节缩形式相当灵活，被节缩后形成的二字略语，不仅保留了成语的基本内容，而且凝练简便，词约义丰，因此人们乐于使用。由于受到汉语词汇双音节化趋势的影响，由四字格成语节缩而成的二字略语中，使用频率较高的部分已经成为双音节复合词大家庭的成员，例如："泰斗、井蛙、沧桑、金汤、点睛、蛇足、赘疣"等。在强调汉语成语结构定型化的同时，关注到成语在具体的运用中所具有的一定程度的灵活性和变异性，对于人们正确而灵活地使用成语是有所助益的。

第五讲

成语探源

汉语成语,源远流长,蕴含着深厚的中华文化。作为中国传统文化的重要载体,汉语成语随着中国文化的发展与变革,其语义也在流动、变化。另外,从地域文化的角度,许多成语都有自己的"故乡"。

本章节,我们采用"探源拾趣"的方法,展示汉语成语在不同历史文化背景下的语义源流、故里所在及成语语义的表里情趣。

一 追根寻源

有些成语,只有搞清其历史文化背景,才真正理解其所以然。

1. 与古人衣食住行相关

"冠冕堂皇"与"充耳不闻"

"冠冕堂皇"是说表面气派或假作正经;"充耳不闻"是指不想听或听不进。

将这两个意义不相关联的成语放在一起,是因为二者都与中国古代的头衣制度相关。

在先秦两汉时代,冠、冕都是贵族的头衣。冠是通称,冕则是专指帝王、诸侯、公卿大夫上朝、祭祀时的礼冠;是身份的象征,故曰"堂皇"。《释名·释首饰》:"士冠,庶人巾",《说文解字》:"冕,大夫以上冠也",即是证明。老百姓多以深色麻布包头为饰,故"黔首"为下层百姓之代称。

再说"充耳不闻"。"充耳",本义不是一般所说的"堵满耳朵",它本是古代礼冠"冕"的一种饰物。请看以下"冕"图：

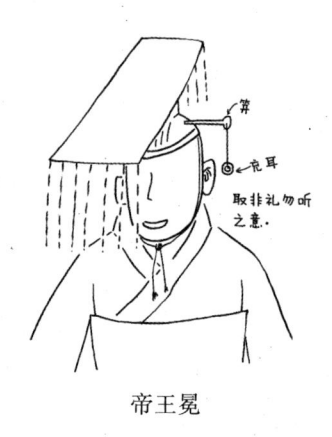

帝王冕

从上图看，冕的形制分为两大部分：上为綖板垂旒，下为冠圈束发。冠圈束发用"笄"固定。"笄"附有彩丝下垂。下垂之玉即"充耳"（又叫"步摇"）。

据《汉礼器制度》记载，冕的形制有象征意义：君王走路时，"冕旒"于眼前晃动，是提醒君王"非礼勿视"；"充耳"在耳边随步摇摆，是提醒君王"非礼勿闻"。"充耳不闻"一语，本源于此。

如今，"充耳"这一古代头饰已不复存在，"充耳不闻"之本义已演变为"听不见"或"听不进"，这就叫约定俗成吧！

"被褐怀玉"与"释褐之喜"

"被褐怀玉"即贫寒而有才学。"被"读pī，同"披"。

"怀玉"比喻有才学，好理解。那么，"被褐"与贫寒是怎样的联系？

大家知道，衣必锦绣，历来是富贵人的事。古代的老百姓，只能是粗布麻衣。《说文解字》："布，枲（xǐ）织也。""褐，粗衣也。"麻葛织为布，粗毛编为褐（上古时期中原没有棉花，棉花是南北朝时期才从西域引进中原的）。故老百姓古来称"布衣"，他们劳作时则"衣褐"：

《诗经·豳风·七月》："无衣无褐，何以卒岁！"这是穷苦百姓的呼声。

《孟子·滕文公下》记许行之徒以劳作为生，"皆衣褐"。

《史记·廉颇蔺相如列传》记蔺相如为了完璧归赵，"乃使其从者衣褐，怀其璧，从径道亡，归璧于赵。""乃使其从者衣褐"，是让他的手下人，穿粗衣，扮作百姓，以避人耳目。

穿粗衣而有才学，谓之"被褐怀玉"；而其一旦科举得中，就意味着将脱离贫寒，故古来科举考中或做了官，为"释褐之喜"。如王禹偁《成武县作》："释褐来成武，初官且自强。"其中"释褐"即为官。至于"释褐登宰府"，那更是表示由下层直步青云。

粗衣劳作与科举高中

"纨绔"释义

与上文"被褐怀玉"相反，"纨绔子弟"是指出身显贵而不务正业的"富二代"。

"纨绔"有什么含义，与富贵有何关联？

"绔"不是普通的裤子。现代意义上的裤子，谓之"裈（kūn）"，《释名·释衣服》有个形象的解释："裈，贯两脚，上系腰中也。"

古代的"绔"，有写作"袴"，相当于现在的套裤，即单独两个裤筒，无腰无裆，套在"裈"外，用丝带系腰中。《释名·释衣服》《急就章》颜师古注也分别有形象的描述："绔，两股各跨别也""绔合裆谓之裈"。

《史记·赵世家》记录"搜孤救孤"的情节，也是对"绔"的注脚：屠岸贾欲搜杀赵氏孤儿，搜宫时，赵朔夫人紧急关头，"置儿绔中"，使其子免于灾难。正因为"绔"是无裆的裤筒，赵夫人才有可能将婴儿藏匿其中。

"绔"套在"裈"外，讲究随时更换，穷人是穿不起的，故《太平御览·服章部》记录"秦护……家贫，衣服单露。乡人歌之曰：冬无绔，有秦护。"记冯谖出行无资，"经冬无绔，面有饥色"。

纨，《释名·释衣服》描述为"细泽有光焕然也"，即质地细致而有光泽的绢帛，相当于现在的高档丝绸，这更是富贵人才能享用的。因而，人们常用"纨绔"代指有钱人，用"纨绔子弟"作为阔少的代称。如：杜甫《奉赠韦左丞丈二十二韵》："纨绔不饿死，儒冠多误身"；陆游《书叹》："布衣儒生例骨立，纨绔市儿皆瓠肥"。二位诗人以形象的语言，用读书之人穷困失意、纨绔子弟作威作福对比，表达了对社会不公的不满。

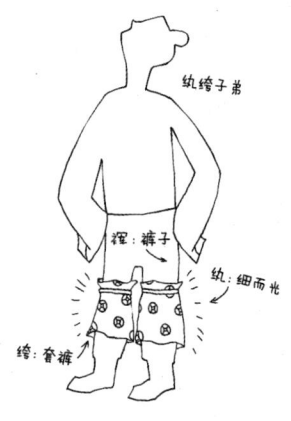

穿丝绸套裤的富家子

"脍炙"——古代的佳肴

成语"脍炙人口"，常用来比喻诗文优美，回味无穷。

从源头说,"脍(kuài)"、"炙(zhì)"本是中国古代饮食的两道佳肴。

先说"脍"。

《说文解字》:"脍,细切肉也。"《汉书·东方朔传》:"生肉为脍。"《礼记·内则》:"芥酱鱼脍。"从以上描述可知,"脍"的做法:精选鲜美的鱼或肉,细切成片,蘸芥末、酱油生吃;相当于现在的生鱼片、牛肉刺身等。

据说,孔子很讲究吃生鱼片,《论语·乡党》说他"食不厌精,脍不厌细"。《酉阳杂俎》记一位叫段硕常的人,切肉为脍,技艺高超,肉片切得"薄可吹起"。

食脍,多为生鱼片,即"鱼脍"。早在先秦两汉时代,宴会上常以生鱼片为佳肴,尤以鲤鱼肉质鲜美:

《礼记·少仪》:"鱼之腥(生肉),聂而切之为脍。

《诗经·小雅·六月》:"饮御诸友,炰(páo)鳖脍鲤。"

《汉乐府·羽林郎》:"就我求珍肴,金盘脍鲤鱼。"

一般认为,生鱼片是日本的独特的料理。以上材料足以证明,其在中国古已有之。

脍是生鱼片,选择不好难免闹肚子。《后汉书·华佗传》就记载了太守陈登"食脍致疾",请华佗治病的故事:

"广陵太守陈登,忽患胸中烦懑,面赤不食。佗脉之,曰:'府君胃中有虫,欲成内疽,腥物(生食)所为也。'即作汤二升,再服。须臾,吐出三升许虫,头赤而动,半身犹是生鱼脍。所苦便愈"。

再说"炙"。

炙,从火从肉,字形即有烤肉之态。炙的制作,用料讲究,炙烤精细,做法多样。列举几种如下:

1. 烤肉串儿。《韩非子·内储说下》即有周文王的厨师为之做炙。其方法是:"援锥贯脔""奉炽炉炭",即用钎子穿上肉块儿,然后用炭火来烤,与现在的羊肉串儿做法近似。另外,现存的汉代朱鲔墓画像:一个人立火炉旁，一手拿肉串儿，一手拿扇子扇风。可见，烤肉串儿在中国也由来已久。不过，这样的美食，只有周文王、朱鲔这样的王公贵族才享用得起。

2. 烤鱼。《吴越春秋》记载义士专诸"炙鱼藏刀"，刺杀吴王僚故事。即把刀藏在烤鱼的肚子里。

3. 烤整肉割食。《三国志·蜀书·关羽传》描写关云长刮骨疗毒，不畏疼痛，"时羽适请诸将饮食相对，臂血流离，盈于盘器，而羽割炙引酒，言笑自若。""割炙引酒"即一边割食大块烤肉，一边大口喝酒。《齐民要术》所记南北朝佳肴"炙豚""炙鹅鸭"等，也是整烤割食的烤肉。

脍、炙，就是现在所流行的刺身、烤肉，在古代是上等佳肴。因此，《孟子·尽心下》公孙丑问孟子，"脍炙与羊枣孰美？"孟子断然回答："脍炙哉！"

"脍炙人口"比喻诗文优美，回味无穷，再贴切不过了。

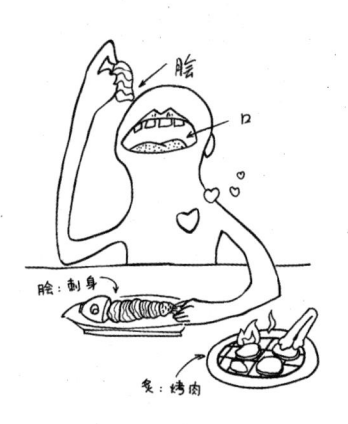

"闭门羹"是什么待遇？

"闭门羹"语，最早出现在唐代冯贽的《云仙杂记》："下列不相见，以闭门羹待之。"为什么会有如此的情景呢？

相传唐代，宣城有位名妓史凤，长得标致风流，而且精通琴、棋、书、画。当时很多风流倜傥的男子垂青于她，其中不乏浪荡公子、好色之徒，大家纷纷慕名赶来拜访。但要见到史凤并非易事，她要求客人首先作诗一首。诗文中意，便与客人一见。如若客人不会作诗，或者所做诗文并未被她看中，归为"下列客"，为委婉拒绝，不伤客人颜面，她就叫人在门口以一碗羹汤相待，谢绝会见。天长日久，来访者只要一见到羹汤，就心领神会，自动告退了。故事逐渐流传下来，人们便用这种待客之羹称作"闭门羹"，用以婉拒会客。

"闭门羹"流传至今，仍然表示拒绝之意，但现在恐怕是不见"羹汤"，只剩"闭门"了。

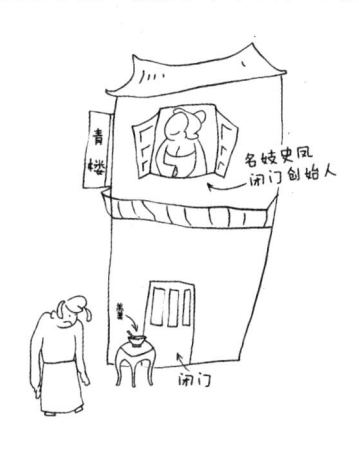

"升堂"与"入室"

人们往往用"升堂入室"说明学问深入；《论语·先进》孔子评论学生仲由说："由也，升堂矣，未入于室也。"是说仲由的学问已入门，但还不深入。为什么说"升堂"只算入门，"入室"才算深入到家？这与先秦两汉时代住宅"前堂后室"的建筑格局相关。

前堂后室,堂在前,室在堂后。这就是王国维《明堂庙寝通考》所说:"古者宫室之制,堂后有室,室与堂同在一屋中。"堂与室之间有墙相隔,墙偏东有户(门),偏西有牖(窗户)。《新序·杂事》记叶公好龙,但"天龙闻而下之,窥头于牖,施尾于堂。叶公见之,弃而还走。""窥头于牖,施尾于堂"即言天龙从前堂窗户往室内探头,尾巴拖在堂厅,把室内的叶公吓跑了。

前堂为古人行家礼、待客之所,不住人。后室才是吃住居家之处。《说文》:"室,实也。"王国维《明堂庙寝通考》解释说:"堂非常人所常处,而室则无不实也:昼居于是,夜息于是……故室者,又宫室之主也。"

正因为室是真正生活所在,所以古人称"妻子"为室。《礼记·曲礼上》:"(男子)三十曰壮,有室。"郑注:"有室,有妻也,妻称室。"室为一家人所常居,故家里人也称室人。《诗经·邶风·北门》:"室人徧谪我。"孔疏释"室人"为"家人"。

了解了古代住宅前堂后室，室为真正的日常居家之所，入室必先升堂，孔子用"升堂矣，未入于室也"比喻仲由学问是入门而不深入，就容易理解了。

"卧薪尝胆"之"卧"

越王勾践不忘国耻，"卧薪尝胆"，历来传为美谈。其中"卧薪"，词典多解释为"躺在柴草上"，不确。

弄清"卧"的含义，必须了解先秦两汉时代"席地而坐"的习俗。

六朝以前，人们起居是席地而坐，即室内不设桌椅，而是铺筵置席，席前有几案。日本人在"榻榻米"上"席地而坐",正是中国古代起居遗俗。

筵,铺地的大席子;席,跪坐时垫在膝下所用。正如《周礼·春官·司几筵》孙诒让《正义》所言:"筵长席短,筵铺陈于下,席在上,为人所坐藉。"

旧来说家境贫穷为"坐无完席",心情焦急为"坐不安席",来去匆匆为"席不暇暖",帝王去世为"天子下席"等等,均源于"席地而坐"之俗。

古人正式场合要正襟危坐。"危坐"就是不倚几案而直腰跪坐。平时闲居,俯身凭倚在身前几案上,这叫"卧"。《说文解字》:"卧,伏也。"段玉裁注:"卧与寝异,寝于床,卧于几。"因"卧"是一种坐姿,故《孟子》有"隐(倚)几而卧"语,《庄子》言:"隐几而坐";成语"卧不安席",也写作"坐不安席"。由以上材料可知"卧"在先秦时代,当"倚几闲坐"讲,而非"躺着"。

成语"卧薪尝胆",典出《史记·越王勾践世家》。文中记录勾践不忘国耻,"置胆于坐,坐卧即仰胆"。这里明确表明，勾践是置苦胆于坐处，正坐、闲坐都仰尝其苦。这里的"卧"与躺着无关。所以说，"卧薪尝胆"确切的解释是：闲坐时，双膝跪于柴草，仰尝坐前苦胆。

卧薪尝胆

"驷不及舌"与四马驾车

先秦时代，中原地区尚无骑马习惯，都是驾马驱车。骑马习俗是赵武灵王胡服骑射以后的事。

先秦之车，多为四马并驾。故《诗经》屡言四马、四牡（公马）、驷介（披甲），如《秦风·驷》："游于北园，四马既闲。"《小雅·采薇》："戎车既驾，四牡业业。"《郑风·清人》："清人在彭，驷介陶陶。"

四马之中，中间驾辕的两匹为服马，两边拉套的为骖马。两匹驾辕，两匹拉套，很是给力，《郑风·大叔于田》："两服上襄，两骖雁行。"即言两匹辕马居中，昂首前行；两边骖马偏后助力，全力疾驰。

成语"驷不及舌""君子一言，驷马难追"，即言最给力的驷马之车都追不上出口之言，所以说话一定要慎重。

当时也有二马之车、六马之车，但皆非常制。二马之车即"骈马"，为私用小车；而六马之车，则为君王之车。

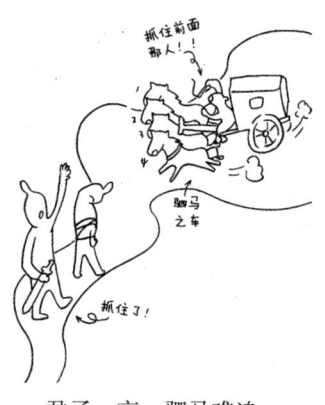

君子一言，驷马难追

2. 与古代礼仪文化相关

释"结发"

古来习惯称原配夫妻为"结发夫妻",如汉乐府有"结发为夫妻,恩爱两不疑"的诗句。此语源于先秦两汉时代新婚男女结发为信的习俗。

《礼记·曲礼上》:"女子许嫁,缨。"缨,是丝绳。女子订婚后,以红丝绳系于发髻,表示已有夫家。直到入洞房,新郎亲手解下新娘头上的红缨绳,系成结,留作永久的信物。《仪礼·士昏礼》"主人入,亲脱妇缨",曹植《种葛篇》"与君初婚时,结发恩义深",说的就是这一习俗。结发之缨是初婚的象征,故后人以此指原配。这是"结发"的缘起。

唐代以后,新人结发之礼,变为双方各剪一缕头发,系在一起留作信物,又叫"合髻"。如唐代晁采《子夜歌》:"侬既剪云鬟,郎亦分丝发。觅向无人处,绾作同心结。"诗中描写的,就是当时的"结发"之礼。

到了宋代,仍有此俗,但已不普遍。司马

光曾说道:"今世俗有结发之仪,此尤可笑。"(《书仪·亲迎》)

洞房夫妻结发

"三长两短"与"四六不懂"

"三长两短"指遭遇意外的灾祸、事故,特指人的死亡,尽人皆知。但为什么意外的灾祸用这个词语来表示呢?

旧时土葬,人死后遗体被放入木制棺材内,这叫入殓。俟各种丧葬礼仪结束后,盖上棺盖钉牢。最后起灵、出殡、安葬。入殓盖棺前的棺材由三块长板和两块短板组成,故"三长两短"

本指棺材。后引申为"意外死亡"的婉辞。

"四六不懂"是对人进行贬损式的批评。凡是不明事理、不懂规矩、颟顸自负的人，我们都蔑称其为"糊涂蛋""浑人"，并带出一句评价："这小子四六不懂，犯浑，甭搭理他！"那么，"四六不懂"的"四六"究竟何指？

中国古代两千多年以来，儒家经典"四书五经"一直是官方认定的必读书目。古代文人考功名，成人才，实现"修身、齐家、治国、平天下"伟大抱负，就必须苦读十年。读什么？就读"四书五经"。

"四书"指《大学》《中庸》《论语》和《孟子》；"五经"，其实最早是六经，即《诗》《尚书》《礼》《易》《乐》《春秋》。故"四六不懂"，就指对"四书六经"茫然不通。后用"四六不懂"表达对那些不读书或读书不求甚解还自以为是的家伙的揶揄和批评。

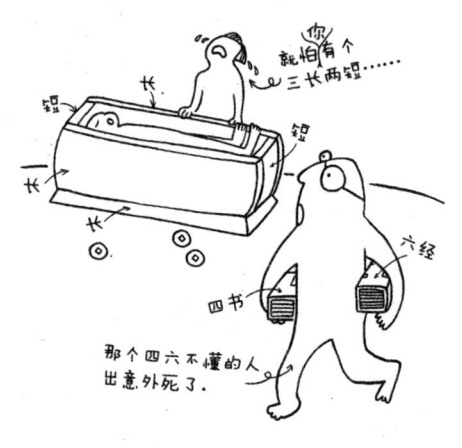

"三长两短"。

"连中三元"与"金榜题名"

"连中三元"与"金榜题名",都是用来形容考试成绩优秀,不仅考中,并且名列前茅。两个成语均来源于中国古代科举制度。

科举制度始于隋代。到明清时代,日臻完善。主要特征,即建立了乡试、会试、殿试三级考试制度。

乡试,每三年一次,时间在秋季,地点在省城。考中者称"举人",第一名为"解(jiè)元"。

会试,于乡试第二年春季举行,地点在礼部。

考中者为贡士，第一名为"会元"。

殿试，于会试名次发布后一周内举行，地点在紫禁城内，由皇帝主持。应试者必须是贡士，考后以成绩排序，均称"进士"，第一名为状元。

乡试考第一名为解元，会试考第一名为会元，殿试又考第一名为状元。这叫"连中三元"，是莫大的荣誉。明代三百余年，只有洪武年间的许观和正统年间的商辂，曾连中三元；清朝开国百余年，直到乾隆时代，才有钱棨一人得此殊荣。

科举考试公布成绩，古谓之"放榜"。乡试放榜时间是秋季，正值桂花开放，曰"桂榜"；会试放榜时间是春季，正值杏花开放，曰"杏榜"；殿试放榜时间为考试三天后，因进士榜用黄绢纸书写，故中进士又称"金榜题名"。

明白了这个道理，"连中三元"、"金榜题名"的分量，可想而知。

"学富五车"与"汗牛充栋"

"学富五车"形容人学识渊博,读书很多,是对饱学之士的赞誉。《庄子·天下》:"惠施多方,其书五车。"这里提到的惠施是战国时期一位著名的政治家、哲学家,文中言其学问广博,读的书能装五辆车。

"汗牛充栋"形容藏书众多,《唐故给事中皇太子侍读陆文通先生墓表》:"其为书,处则充栋宇,出则汗牛马",意思是陆氏藏书,多得堆满屋子,用车运输,牛马都累得大汗淋漓。

以现代人的眼光,藏书多到"汗牛充栋"

好理解，而藏书多至"学富五车"是否过于夸张？这涉及中国古代的简书文化。

先秦至两汉时代，文人书写、记事的材料主要是竹简。竹简是用来写字的竹片，一本书要由很多的竹片组成，竹片编连起来，卷成卷保存。一卷（juǎn）为"一卷（juàn）"，若干"卷"为一部书。简书是纸书出现之前，典籍、文书等文字的主要载体，是我国古老的图书形式之一。

尤其是春秋战国时期，也就是"学富五车"一词产生的年代，学术上百家争鸣，竹简就成为当时各家学派著书立说的主要载体，"学富五车""汗牛充栋"及与之相关的成语典故，真实地反映了特定历史时期的情况。比起后来的纸书，乃至今天的电子书，简书体大而沉重，运输费力而存放占位大，故现代的"著作等身"，在简书时代当然是"学富五车"；大量运输存放也必然要"汗牛充栋"。今天看来，五车竹简上的文字，大概装不满一只小小的优盘呢。

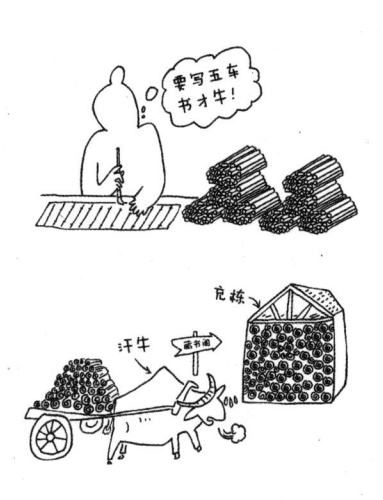

"十恶不赦"与"八议"

成语"十恶不赦",泛指罪大恶极,不可饶恕。

探其源,"十恶"本是古代刑法中十种最严重的罪名。

"十恶"之名,最早见于北朝的法典《齐律》。其中列举重罪十条,称之为十恶,并规定不可赦免。

到了《隋书·刑法志》,就正式形成了"十恶不赦"的说法。

其主要内容有:

1. 谋反:十恶之首。

2. 谋大逆：毁坏皇家重地，如宗庙、陵寝、宫殿等。

3. 谋叛：叛逃敌国。

4. 恶逆：打杀父母及兄长。

5. 不道：虐杀无辜。

6. 大不敬：偷盗、伪造御用之物。

7. 不孝：对祖父母、父母打骂、不赡养、匿葬，丧期嫁娶作乐等。

8. 不睦：谋害、贩卖亲戚。

9. 不义：殴打、伤害长官，丈夫死后不举丧并作乐、改嫁等。

10. 内乱：与祖父、父亲之妾通奸等。

在中国封建社会，"十恶不赦"并非人人平等。秦汉以来，在"刑不上大夫"的"人治"理念下，法律中另有"八议"之规定，《唐律》将其系统化。

所谓"八议"，是指有八类人，即使犯了"十恶不赦"之罪，官府也不能依法判定，必须上报朝廷定夺，即"实封奏闻请旨，不许擅自勾问"。（《清史稿·刑法志》）

其内容为：

1. 议亲：皇亲国戚。

2. 议故：皇帝故交好友。

3. 议贤：名流。

4. 议能：特殊人才。

5. 议功：功勋卓著者。

6. 议贵：三品以上职事官，二品以上散官。

7. 议勤：常年劳于国事者。

8. 议宾：前朝帝王之后。

"人大于法"，这就是中国封建社会。故"十恶不赦"与"八议"并存，一直沿袭到宋元明清。

"人大于法"

"宗庙社稷"——中国古代国家的象征

读古书,看历史剧,古代君王总是把"宗庙社稷"挂在嘴边,以示国家朝廷为重。那么,"宗庙社稷"是什么?他与国家朝廷是怎样的关系?

中国古代的宫廷建制,大致沿袭《周礼·考工记》所谓"左宗右社"格局,即以皇宫为中心,左立宗庙,右立社稷坛。现在北京故宫两边,左边的劳动人民文化宫和右边的中山公园,分别为明清两代王朝的宗庙、社稷坛。这个格局,反映着先秦以来"左宗右社"的建制。

宗庙为祭祖之地,是古代宗法世袭的象征。因此古代君王极其重视祭祖。《礼记·王制》记载了宗庙重要的祭祀活动,主要有:月祭、四时之祭、三年之祭、五年之祭等。除此之外,国家重大事情也要"出辞返面",即事前要到宗庙禀告先人,事后也要朝庙面祖呈报。

宗庙为一国祖宗神主(牌位)所在,是国家世代相袭的象征。因而战胜国占领一国,要"灭宗庙",即毁掉祖宗牌位,以示这个国家已绝后祀,彻底灭亡。

社稷坛，古代君王众臣祭祀土神、谷神之地。《说文》："社，地主也""稷，五谷之长。"立社稷坛的目的，一方面是为春祈秋报，以求五谷丰登；另一方面是把社稷坛作为国土的象征，"封土立社，示有土尊；稷，五谷之长，故立稷而祭之。"（《白虎通义·社稷》）

社稷坛用五色土为之，从北京中山公园五色土遗迹可见，青赤白黑黄，表示东南西北中大一统；黄土居中，象征四方归中央所有。

明白了以上制度，即可知"宗庙社稷"为古代朝廷重地，也是国家的象征。

"顶礼膜拜"与"五体投地"

这两个成语,都源于佛教礼节。

"顶礼膜拜"为佛家重礼。顶礼,是行礼者用头顶触受礼者的脚;行此拜礼的同时,口念"南膜",故曰膜拜。

"五体投地"是佛家最为虔诚之礼。五体,指双膝、双手及额头;五体着地而拜,谓之"五体投地"。

藏传佛教,信徒前往寺庙拜佛途中,每前行,双手前伸,头与全身着地;步步如此,直至目的地;这种礼节,叫"磕长头",也叫"五体投地"。

如此庄严、虔诚,难怪人们常用"顶礼膜拜""五体投地",表示崇敬之至。

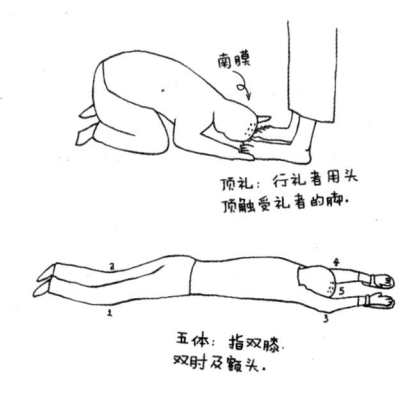

顶礼:行礼者用头顶触受礼者的脚.

五体:指双膝、双时及额头.

佛家眼中的"大千世界"

"大千世界",本为佛家用语,源于佛教经典,说的是佛家的世界观。佛典《俱舍论》提出:世界有小千、中千和大千之分。以须弥山为中心,以铁围山为外围,是一个小世界;一千个小世界,合成一个小千世界;一千个小千世界,合成一个中千世界;一千个中千世界,合成一个大千世界。小千、中千、大千合称三千。因此,《五灯会元·释迦牟尼佛》中有:"遍观三千大千世界,觅普贤不可得见。"

经过多年的演变,"大千世界"已作为成语,进入"寻常百姓家",常常用来指广阔无边的宇宙人寰,如"大千世界,无奇不有"即是此意。

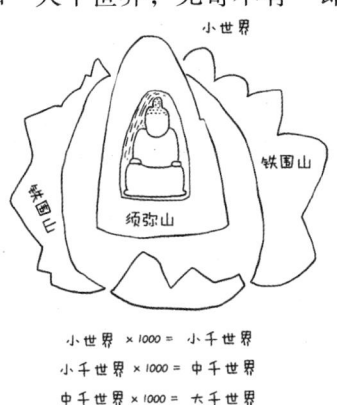

小世界 × 1000 = 小千世界
小千世界 × 1000 = 中千世界
中千世界 × 1000 = 大千世界

3. 语义辨正

"百足之虫,死而不僵"正解

《红楼梦》第二回冷子兴议论荣国府与宁国府:"古人有云:'百足之虫,死而不僵。'如今虽说不及先年那样兴盛,较之平常仕宦人家,到底气象不同。"说的是荣、宁二府虽然有所衰落,但如同多足之虫,死而不倒,余势尚在。

"百足之虫,死而不僵"的"僵",辞书多解释为"僵硬",不确。

很显然,多足之虫,死后不僵硬,与事实不符;并且,解释为"僵硬",于文意不通。

实际上,这里的"僵",是用其本意"倒下"。意思是,多足之虫,即使死了,也不会倒下。正如《三国志》引《吕氏春秋》所言:"百足之虫,至死不僵,扶之者众也。"(言其有众足支撑,至死不倒。)

"僵"本意为"倒下",另有语言材料为证:

《汉书·眭弘传》说到奇异的自然现象:"今大石自立,僵柳复起,非人力所为。"文中"僵柳复起",是倒下的柳树又立起来。"僵柳"的"僵"

决非僵硬之意。

《战国策·齐策》有个有趣的故事：某人有一妻一妾。其妻与外人私通，想设局用毒酒杀害其夫。于是想借妾之手进送毒酒。妾知内有杀机，既不好说穿，又不愿害夫。左右为难之际，心生一计，"佯僵而弃酒"，即假装摔倒，将酒洒掉。显然，"佯僵"不是假装变"硬"，而是"假装摔倒"。

"僵"本意为"倒下"。
"百足之虫，至死不僵，扶之者众也。"
（言其有众足支撑，至死不倒。）

"文质彬彬"不只是"文气十足"

"文质彬彬"现在经常用来形容一个人文气十足。仔细探究其源头，含义不仅于此。

"文质彬彬"，语出《论语·雍也》："质胜文则野，文胜质则史。文质彬彬，然后君子。"这里的"文"通"纹"，指外在的文采；"质"是内在的质朴；"彬彬"是匹配得当的样子。意思是"质朴多于文采就会显得失雅，文采多于质朴则显得虚浮，只有质朴和文采兼备，表里如一，才是君子"。

孔子所说的"文质彬彬"是要求君子既要有文化修养，又要有质朴仁德。可见"文质彬彬"比"文气十足"的标准要高得多。

"丁是丁，卯是卯"二解

"丁是丁，卯是卯"，意思是做事认真，一

丝不苟。

探究其源,有两种解释。

a."干支"说

"丁""卯"分别是天干、地支的名称。

天干有十:甲乙丙丁戊己庚辛壬癸。

地支十二:子丑寅卯辰巳午未申酉戌亥。

天干地支是中国传统文化的重要组成部分。古人习惯用十天干、十二地支相配,记岁、记时、记事。如2014年为"甲午年",上班报到为"点卯",十二属相也用十二地支名排序等。

"丁"在十天干中,排列第四;"卯"在十二地支中,也是排列第四;但是,他们分别在天干、地支两个系列。因此,人们常用"丁是丁,卯是卯",表示认真清晰,一丝不苟。

b."谐音"说

"丁卯"为"钉铆"的谐音。因此,有的词典写作"钉是钉,铆是铆"。

"钉"为物之凸出者,即榫头;"铆"为物之凹入者,即铆眼。钉、铆一旦搞错,器物就安装不上。

从这个意义理解，是以物为喻，表示做事严谨认真。

两种解说，其实是殊途同归。

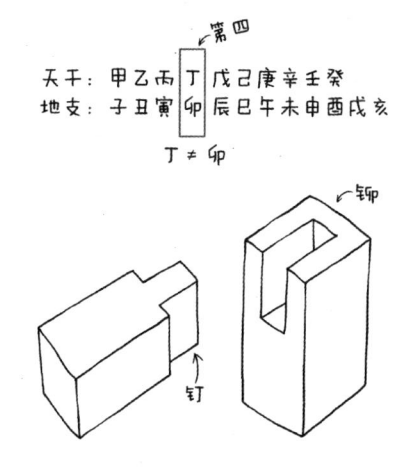

"一波三折"之源流

成语"一波三折"，源自中国古代的书圣——王羲之。

唐代张彦远《法书要录》引王羲之《题卫夫人〈笔阵图〉后》谈及汉字"捺"这一笔画的运笔，以波为喻，提出："每作一波，常三过折笔。"

这里讲的"一波三折"：先是起笔轻锋逆入，

为一折；然后按笔反折、提笔中锋运行，为二折；至折角处按笔拓锋、提笔平出，即第三折。

王羲之讲说书法的经典之言，后人当作成语推而广之，不仅用于表达写字笔势曲折有力，而且更多地用于形容诗文内容跌宕，或表示事物的曲折多变。如：

清代文论家刘熙载《文概》一书，评价三苏文章风格："余谓大苏文一泻千里，小苏文一波三折。"

现代散文《成长》："尽管生活之路一波三折，最后的快乐还是属于努力前行的人。"

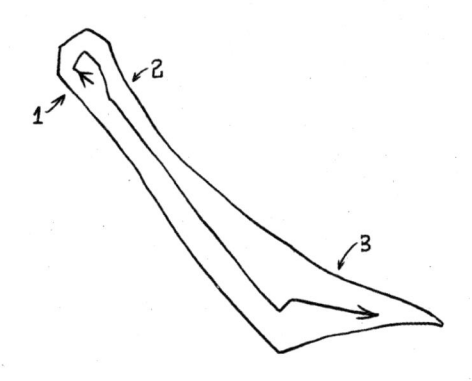

"夜半三更"与"子夜"

人们常用"夜半三更"泛指深夜。其实,"夜半""三更"即"子夜",是中国古代"十二时辰"里同一个时辰的不同说法。

西方24小时计时法,是明代传入中国的。在这之前,中国人多用"十二时辰"计时:把一昼夜分为"十二时辰",每个时辰相当于现在的两个小时。

"十二时辰"一般用十二地支名称表示,即子时、丑时、寅时、卯时、辰时、巳时、午时、未时、申时、酉时、戌时、亥时;

有时用形象化的特有名词表示,如夜半、鸡鸣、平旦、日出、食时、隅中、日中、日昃、晡时、日入、黄昏、人定。

晚间五个时辰,古来有"更夫"打更报时,故又有"五更"之说。

古今计时对应关系如下表:

十二时辰			现代时间
十二地支	特有名词	夜间更时	
子时	夜半	三更	23 时至 1 时
丑时	鸡鸣	四更	1 时至 3 时
寅时	平旦	五更	3 时至 5 时
卯时	日出		5 时至 7 时
辰时	食时		7 时至 9 时
巳时	隅中		9 时至 11 时
午时	日中		11 时至 13 时
未时	日昃		13 时至 15 时
申时	晡时		15 时至 17 时
酉时	日入		17 时至 19 时
戌时	黄昏	一更	19 时至 21 时
亥时	人定	二更	21 时至 23 时

由上表可见,"夜半""三更"是指同一时辰,相当于现代时间23点至1点。这个时辰又叫"子时",故又有"子夜"的说法。

说到"子夜",不由得想起根据茅盾先生同名小说改编的电影《子夜》:在影片的结尾,屏幕上出现的是,上海滩钟楼夜间12点,即子夜报时。这是用"子夜"钟声与作品《子夜》相呼应,象征旧中国最黑暗的时期。

由"夜半三更"推而广之：人们常说的"起五更，睡半夜"，是凌晨3点至5点起床，夜里12点左右才睡。言其辛苦之极。

顺便提及，古来"日出而作，日入而息"语，"日出""日入"，都不是泛指，从上表看，也分别是两个具体时辰。

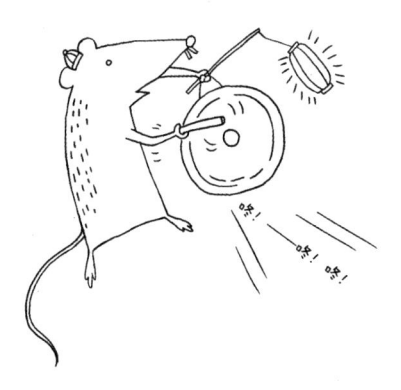

"夜半""三更"

"否极泰来"与六十四卦

成语"否极泰来"，否音 pǐ；极，尽也。"否""泰"分别为《易经》六十四卦的卦名。排序"泰"在前，"否"在其后；意义"否"为不通不顺，"泰"为亨通大顺。

六十四卦按序分别为：

乾、坤、屯、蒙、需、讼、师、比、
小畜、履、**泰**、**否**、同人、大有、谦、豫、
随、蛊、临、观、噬嗑、贲、剥、复、
无妄、大畜、颐、大过、坎、离、咸、恒、
遁、大壮、晋、明夷、家人、睽、蹇、解、
损、益、夬、姤、萃、升、困、井、
革、鼎、震、艮、渐、归妹、丰、旅、
巽、兑、涣、节、中孚、小过、既济、未济

从"泰""否"的顺序看，正是："否"往下到头儿，"泰"就到了；"否极泰来"，意思是：不顺到了头，大顺就来了。

"否极泰来"

二 褒贬不一

有的成语,在历史语言文化的演变过程中,其语义的褒贬色彩发生了变化;还有的成语,需要我们理解其褒贬色彩的差异,才能更准确地使用。

1. 古今

"闭门造车"为何"出而合辙"

"闭门造车"一语,现在是指不从客观实际出发,主观臆断;而古人又有"闭门造车,出门合辙"之说,意思是按客观实际办事。如此矛盾,是怎么回事?

理解"闭门造车,出门合辙"的含义,就要对古代"车同轨"制度有所了解。

战国以前,中原诸国的道路、车子有统一的尺度,古来谓之"车同轨"。(《礼记·中庸》)因此周天子称所统各诸侯国为"同轨",《左传·隐公元年》:"天子七月而葬,同轨毕至。"孔颖达疏:"王者驭天下,必令车同轨,书同文。同轨毕至，谓海内皆至也。"

到了战国时代，周王室衰微，诸侯各行其政，车途制度一度混乱。秦始皇统一天下，采用丞相李斯的主张，又恢复了"车同轨"。

战国前车子的尺度，前人有所考证：古车宽八尺，其中车厢六尺六，两边车轮各宽出车厢七寸。(《周礼·考工记·匠人》)

因为车有统一尺度，路上压出的车辙与车轨同宽，并且积微渐深，故不合尺寸之车无法上路。用朱熹的话说："凡为车者，必合乎此（车同轨），然后可以行乎方内而无不通。不合乎此，则不唯有司得以讨之，而其行于道路，自将偏倚杌陧，而跬步不前，亦不待禁而自不为也。"(《中庸·或问》)

明白了以上"车同轨"制度，即可知古人"闭门造车"必然"出门合辙"。后人不明此理，自作聪明地望文生义，把"闭门造车"理解为主观臆想，不顾客观实际了。

古车必合辙，否则没法行走

从"连篇累牍"说"简牍"

"连篇累牍"是带有贬义色彩的成语，用来讥讽写文章篇幅过于冗长。

别看此语意义不佳，但字里行间，渗透着中国古代的简牍文化。

简牍，析言之，"简"指竹简之书，"牍"指木牍文札。用汉代王充《论衡·量知》的话说：简书是"截竹为筒，破以为牒（竹片），加笔墨之迹，乃成文字。大者为经，小者为传记"。木牍则是"断木为椠，析之为板，力加刮削，乃成奏牍"。

"连篇""累牍"反映了简书与木牍形制的

差异：

竹简成书，是将烘干的竹简一根一根用皮条儿或丝绳连接成篇，这叫"连篇"。《史记·孔子世家》记孔子读《易》"韦编三绝"，即言孔子反复阅读《易经》，以致连接竹简的皮条儿多次折断。

而木牍，是在刮平的木板上写字，无法连编成册，所以一般用作写信及平时记事。按《仪礼·聘礼》的话说，百字以上用简书写，百字以内用木牍。信札多了，只能摞起放置，故曰"累牍"。

"连篇"而"累牍"，足见文章之冗长。

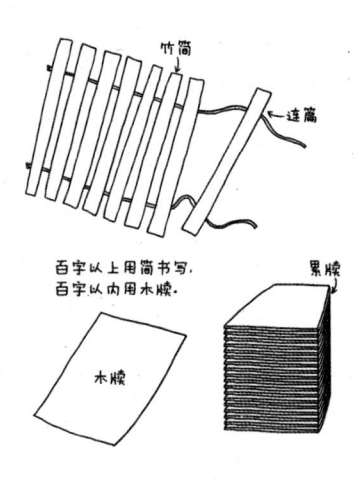

"雁过拔毛"本指"真功夫"

成语"雁过拔毛",现在常用来比喻层层克扣,以谋取私利,是贬义词。探其源,这个成语本是褒义词。

古来有"风过留痕,雁过拔毛"的说法,意思是一个人功夫高超,大雁从头上飞过,他可以迅速而准确地拔下大雁的羽毛。

这一褒赞人身怀绝技的成语,在词义的发展过程中,褒贬色彩发生了变化,即由"真功夫"演变为"恶意克扣"。这是汉语成语语义发展很值得研究的语言现象。

第五讲 成语探源

"出尔反尔"本是人之常情

成语"出尔反尔"现在多用来形容人言行前后不一,自相矛盾,反复无常;但其本义,并非如此。

"出尔反尔",源于一个典故。《孟子·梁惠王下》记载:战国时期,邹国与鲁国交战,邹国,伤亡官员三十三人,而当时邹国的百姓们却见死不救。邹穆公非常气愤,对孟子说:"这些百姓非常可恨,我如果要杀了他们呢,他们人数太多,也不会杀尽;如果不杀他们呢,他们当时眼睁睁地看着官员们被杀而不去营救,实在是太可恨了。你说我到底该如何是好?"孟子回答:"记得有一年,国家闹灾荒,您的百姓们,年老的因饥饿而暴尸荒野,年轻的四处逃荒,差不多有千人吧。而那时您的粮仓里却囤满了粮食,官府的国库里财货都很充足,但您的官吏们却不把百姓的疾苦报告给您。这就是他们不关心百姓的疾苦,还残害百姓的行径啊。曾子说过'出乎尔者,反乎尔者也'。意思是他们当时是怎样对待百姓的,现在百姓就会怎样对待他们。现在出了这样的事情,就是老百姓在报复他们呀。所以大王您不要归罪于他们了。只要您施行仁政,您的百姓们自然就会爱护他们的官员,危难时刻就肯为他们牺牲了。"

"出尔反尔"的原意是"以其人之道还治其人之身",当然是人的本能反应,也是人之常情了。

出乎尔者,反乎尔者也。

你敢打我?

出尔

反尔

"出尔反尔"现在形容人言行前后不一;但其本义是:你怎样对待别人,别人也会怎样对待你。

"察言观色"谓之"达"

"察言观色","察"是细看的意思,"色"为脸色,揣度对方的话语,观察对方的脸色,以摸清其真实的意图。在现代汉语里含贬义色彩。但溯其源头，我们发现，"察言观色"本义是尊重别人，为褒义词。

"察言观色"语出《论语·颜渊》："夫达也者，质直而好义，察言而观色，虑以下人。在邦必达，在家必达。"意思是：质朴尚义，体会别人的言语，观察别人的神色，想着为人谦恭。(这样的人)为官为家必然通达。由此可见，"察言观色"本是孔子推崇的良好德行。

"察言观色"本义是尊重别人，为褒义词。现代含贬义色彩。

"清规戒律"的本义

一说"清规戒律"，我们马上会想到烦琐、

死板、束缚，一言以蔽之：反感。其实，此语源自佛教，本指僧尼必须遵守的规则，本无褒贬之意。

"清规"是佛教和道教在生活、仪式和信仰方面的严格规定。语出唐代《释门正统》卷四："元和九年（814年），百丈怀海禅师始立天下禅林规式，谓之清规。"因开创者为唐代百丈山怀海禅师，亦称"百丈清规"。怀海禅师参照大小乘律，对禅寺组织、法事活动和僧众起居等行为做了详尽的规定，并率先垂范，开创了良好的风气。后来历朝历代各个禅寺纷纷仿效，制定自己的"清规"。直至元世祖忽必烈下令重修"清规"，称《敕修百丈清规》八卷，流传于世。不过，"清规"自怀海禅师始创至帝皇敕修，清规的内容日趋烦琐，已远非本来面目了。

"戒律"源于梵语，"戒"的意思是防非止恶；"律"是法，是规则；"戒律"为佛家禁令，法则。佛教有大小乘之分，戒律也有所不同。大乘佛教的五戒指：一不杀生，二不偷盗，三不邪淫，四不妄语，五不饮酒。小乘十戒包括"身三"，即不杀、不盗、不淫;"口四",即不两舌、不恶口、不妄言、不绮语;"意三",即不贪、不嗔、不痴。

佛教将其实践概括为"三学"。"三学"为戒、定、慧;"三藏"为经、律、论。其中戒为始基,是所有佛教徒必须遵循的;"律"藏则是"戒"的法规。

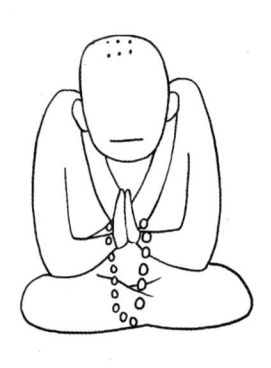

清规戒律,本指僧尼必须遵守的规则。

"三教九流"义证

"三教九流",现代泛指社会各行各业,各个阶层,略含贬义。在中国古代文化里,"三教九流"本是教化、学术用语。

"三教"是思想教化的范畴。

我国最早关于"三教"的记载,出于西汉

的《白虎通义》。其中《三教》一节提出:"教所以三何?法天、地、人,内忠、外敬、文饰之,故三而备也。"因为夏代崇尚忠,商代崇尚敬,周代崇尚文,因而汉代的儒学家效仿天、地、人三分法,把夏、商、周三代所崇尚的忠、敬、文三大道德规范,总称为"三教"。

而后最为流行的说法:"三教"指儒教、道教、佛教。东汉初年,佛教传入中国,与本土的儒教、道教发生碰撞。《北史·周高祖纪》记载,周武帝建德二年"十二月癸巳,集群官及沙门道士等,帝升高座,辩释三教先后。"最后做出了"儒教为先,道教次之,佛教为后"的结论。此后儒、道、佛"三教说",一直沿用至今。

"九流"本是指九个学术流派。《汉书·艺文志》载,春秋战国时代,百家争鸣,其中重要的学术流派有九个,分别为:儒家、道家、阴阳家、法家、名家、墨家、纵横家、杂家和农家。九个流派各具特色,在当时的思想界各领风骚。其中儒家、道家对中国文化影响深远,直至今天。

"三教九流"泛指多门学问以至社会各行各业,是近代白话文学里出现的语言现象。

《三国演义》:"天文地理,无一不通;三教九流,无所不晓"其中的"三教九流"是泛指各学术流派,并无贬义。

《水浒传》:"其人则有帝子神孙,富豪将吏,并三教九流,乃至猎户渔人,屠儿刽子,都一般儿哥弟称呼,不分贵贱"其中的"三教九流"取的就是引申义,泛指各色人等,亦为中性词。

顺便提及,近代以来,民间关于"九流",还有"上九流""中九流""下九流"的说法。具体分类,说法不一,仅以一说唱文为例:

"上九流":一流佛祖二流仙,三流皇上四流官,五流阁老六宰相,七进(进士)八举(举人)九解元。

"中九流":一流秀才二流医,三流丹青(画家)四流皮(皮影),五流弹唱六流金(卜卦算命),七僧八道九琴棋。

"下九流":一流高台二流吹,三流马戏四流推,五流池子六搓背,七修八配九娼妓。

至于现代汉语里"三教九流"一语由泛指又演变为含贬义色彩,即与近代出现"下九流"的语义相关。

2. 类比

"十室九空"与"万人空巷"

"十室九空"和"万人空巷",两个成语均含有人少而空之义。不同的是:一为家里空而无人,一为巷子空而无人;一示冷寂;一示盛景。

"十室九空"说的是十户人家中,有九家人去室空。《抱朴子·用刑》:"天下欲反,十室九空。"即言百姓们因战乱、灾荒等原因,纷纷逃亡,流离失所。

"万人空巷"是说家家户户的人都涌向一个地方,致使巷中无人。如宋代苏轼《八月十七复登望海楼》:"赖有明朝看潮在,万人空巷斗新妆。"即是形容人们离开街巷,涌向江边观潮的盛况。

现代汉语里,"万人空巷"最常见的错误是误认为街巷上空无一人,而人们都在家中。例如:除夕夜,家家户户团团圆圆,围在电视机前观看春节联欢晚会，万人空巷。

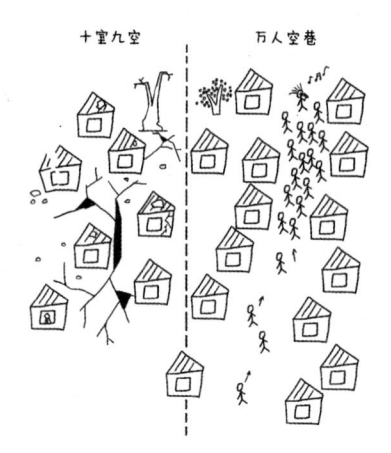

"十室九空"与"万人空巷"对比

"青史留名"与"罄竹难书"

"青史留名"是美名流传，"罄竹难书"是罪恶滔天。两个成语意义相反，但其语源，均与中国古代简书制度有所关联。

"青史"即史书。史书谓之"青史"，与古代简书制作过程相关：

过程一：截竹为简。

汉代王充《论衡·量知》："截竹为筒，破以为牒，加笔墨之迹，乃成文字。"

过程二："杀青"，也叫"汗青"。

汉代刘向《别录》:"杀青者,直治竹作简书之耳。新竹有汁,善朽蠹,凡作简者,皆于火上炙干之。陈楚之间谓之汗。汗者,去其汁也。"

过程三:书写。

竹简"杀青",或说"汗青"后,即可写字。

古代典籍、史书谓之"青史""汗青",即源于上述"青竹为简,杀青去水汽"的程序。故史上留名,成语谓之"青史留名",文天祥谓之"留取丹心照汗青"。

"罄竹难书",也源于简书制度。罄,尽也。一个人的坏处,竹简用尽也写不完,足见其罪恶累累。

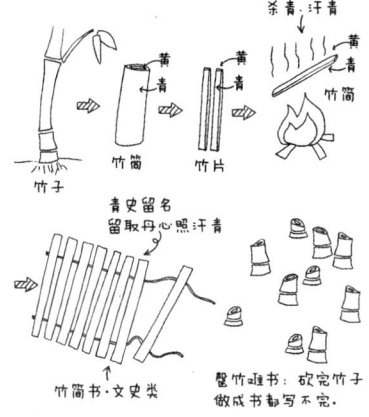

竹简"杀青",或说"汗青"后,即可写字。

"不刊之论"与"信口雌黄"

这两个成语很有意思。"不刊",不是不刊登,"刊"为修改之义,"不刊之论"即不需更改的定论。"雌黄",这里也是修改之义,"信口雌黄",随口篡改事实,即信口胡说。二者语义相反,但都关乎中国古代书籍的修改方式。

中国在造纸术发明之前,即东汉时代之前,书籍材料主要是竹简、木牍和丝帛,即简牍和帛书。

"不刊之论"的"刊"即刊削,是简牍之书的修改方式。

竹简和木牍为书,源于殷周,流行于秦汉。甲骨文的"册"就像竹片连编成书卷之形。

竹简、木牍上写字,写错了,只得用书刀刮掉错字,再写上正确的字。用书刀刮削修改错字,古谓之"刊"或"刊削"。这在古籍中有明确记录:

《释名·释兵》:"书刀,给书简札有所刊削之刀也。"

《史记·孔子世家》记孔子修订《春秋》:"笔

则笔,削则削。"即言该补充就补充,该刊削就刊削。

可见,"不刊之论"的"刊",字形从刀干声,字义为刊削。它反映简牍之书改错的方式。

"信口雌黄"的"雌黄",也是修改之义。它是帛书以至纸书时代的一种修改方式——涂改。

在丝帛上写字,在纸卷上写字,写错了自然不能刊削,那怎么修改?于是古人发明了"雌黄涂改法"。

宋代沈括《梦溪笔谈》记载:雌黄即雌黄石,又名鸡冠石,可用作颜料,亦可用来涂改错字。雌黄的颜色不仅与黄纸近似,而且涂在错字处,"一漫即灭,仍久而不脱"。这正与现代涂改液的用法和功效相同。

正因为"雌黄"是用来修改文字的涂改工具,故后人将随意篡改事实、妄言胡说的做法,叫作"信口雌黄"。

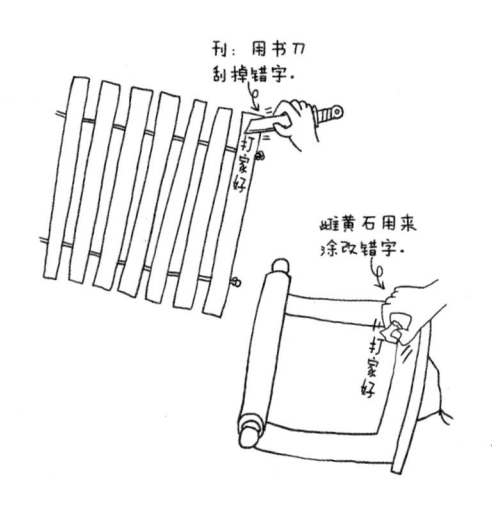

"伯仲之间"与"半斤八两"

"伯仲之间"与"半斤八两"都含有不相上下之义。而两个成语的语源和褒贬色彩,各不相同。

"伯仲之间"语出自三国时期曹丕的《典论·论文》:"傅毅之于班固,伯仲之间耳。"意即傅毅和班固二人才华相当,不相上下。究其所以然,此语与中国古代排行文化相关。我国传统文化中,兄弟排行常以"伯""仲""叔""季"

为序。汉代班固《白虎通·姓名》："以时长幼，号曰伯仲叔季也。伯者，子最长，迫近父也。仲者，中也。叔者，少也。季者，幼也。"由此可见，老大为"伯"，老二为"仲"，老三一直到排行倒数第二都称"叔"，最小的称"季"。比如：三国时期著名的人物孙权，四兄弟之名分别为：孙伯符、孙仲谋、孙叔弼、孙季佐。孙权，排行第二，所以取字仲谋。"伯""仲"排行接近，故"伯仲之间"引申出"差不多"之意。

"半斤"和"八两"现在看来相差很多，为什么常表示"相同"之意呢？这涉及古代的重量计量问题。"斤"与"两"都是重量单位，而我国古代对重量单位的说法复杂不一。《汉书·律历志》把铢、两、斤、钧、石统一定为重量单位，称作五权。当时的五权进位方法不同于今天的十进制法，具体说来：二十四铢为一两，十六两为一斤，三十斤为一钧，四钧为一石。由此可见，八两实际上就是半斤。这一说法在《五灯会元》中也得到印证："踏着秤砣硬似铁，八两元来是半斤。"十六两制一直沿用到1956年，后改为十两制。

"伯仲之间"与"半斤八两"实为同义词，但在今天的使用中却仍有细微的差别。一是"伯仲之间"多用来形容两者之间差不多，不相上下。"半斤八两"则是指两者完全等同，丝毫不差。二是"伯仲之间"在今天多含褒义色彩。"半斤八两"则有贬义色彩在其中。

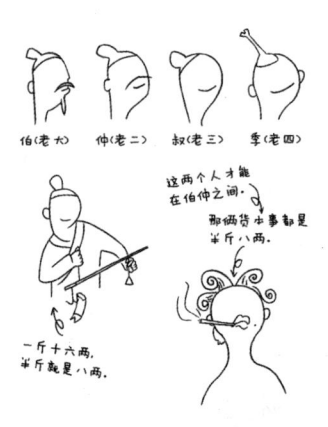

"伯仲之间"与"半斤八两"都含有不相上下之义。而两个成语的语源和褒贬色彩，各不相同。

奇妙的成语世界

三　都市名片

成语来源广泛，有的来自神话寓言，有的来自历史故事，有的来自诗文语句，有的来自口头俗语，还有不少成语与我国历史名城相关。

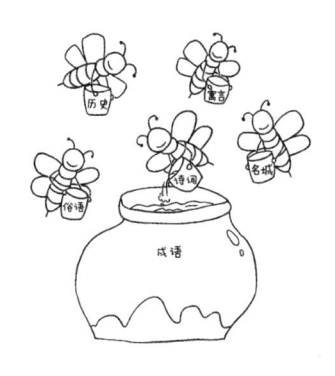

1. 成语之乡

有不少常用成语，源自古赵国都城邯郸。如：邯郸学步、负荆请罪、胡服骑射、毛遂自荐、纸上谈兵、黄粱一梦、完璧归赵、价值连城、梅开二度、退避三舍、宁可玉碎不能瓦全、前事不忘后事之师、奉公守法、南辕北辙、挟天子以令诸侯、下笔成章、路不拾遗、惊弓之鸟、不遗余力、舍本逐末、智者千虑、一言九鼎、脱颖而出、破釜沉舟、背水一战、攻难守易、以卵击石、赏罚分明、瓜田李下、鹿死谁手、怒发冲冠、同日而语、犹豫不决、天崩地裂、交浅言深、歃血为盟、碌碌无为、弹丸之地、割地求和、风度翩翩等。

据说，与邯郸和历史上以邯郸为都城的赵国有关的成语多达上千条。因此，邯郸素以"成语之乡"而闻名。

提到"成语之乡"，人们会首先想到"邯郸学步"。此语出自《庄子·秋水》，故事发生在两千多年前的战国时代。相传燕国寿陵有个少年听说赵国都城邯郸人走路姿态优美，就专程赶去学人家走路。一到邯郸，他就观察、模仿人家走路的步伐姿态，可总是学不像。于是，他决心忘掉自己原来走路的样子。其结果，非但没有学会邯郸人走路，反而连自己原来走路的样子也忘记了，只好爬着回到了燕国。李白有诗云："寿陵失本步，笑煞邯郸人"，用的就是这个典故。"邯郸学步"这个成语，后来常用来比喻生硬地模仿他人，不仅学不到真本领，反而将原来的本领也忘记了。

今天邯郸城中心中轴线上，横跨沁河之上，有座"学步桥"。学步桥原为木质浮桥，是当年连接古城南北交通的唯一桥梁，也是邯郸城的一大景观。据《邯郸县志》载：每逢秋水暴涨，沁河两岸咫尺天涯，交通极为不便。明万历四十五年（1617年）改建为拱券型石桥。今天的古桥边坐落着一块石雕：一个年轻小伙子在一对步履优雅的人背后爬行，逼真地描绘了"邯郸学步"的故事。

2. 典源之都

成语典故源自古都的很多，这里仅举例

说明：

（1）八大古都之一南京，自古以来，就有着崇文重教的优良传统。我们日常使用的成语中，有200多条源自南京。

源自南京的成语典故，以六朝古都文化为主体，延伸至历朝历代各个领域，广为流传。

这些成语大多源于文学艺术领域，这与南京历史上是绘画、书法的重镇有关。如六朝大书法家王羲之、大画家顾恺之，明末清初金陵八大家以及金陵九子等。与书画艺术相关的成语，如画龙点睛、渐入佳境、入木三分、空前绝后、古肥今瘦、落笔成蝇、驴鸣犬吠、空洞无物、大笔如椽等，充分显示了南京历史上书法、绘画、文学艺术等方面的极高成就，记录了当时艺术家的生活与情趣。其中"入木三分""画龙点睛"就是范例。

【入木三分】

成语"入木三分"的故事，语出唐朝张怀瓘（guàn）的《书断·王羲之》："晋帝时祭北郊，更祝版，工人削之，笔入木三分。"晋元帝司马睿在南京覆舟山祭祀，祭典上需要更换王羲之书写的祝版，工匠在削去王羲之书法作品墨迹时，发现王羲之的笔力竟将墨汁渗透到木板内三分之深（按：一寸为十分）！

"入木三分"，现在既用来形容书法极有笔力，更多用来比喻分析问题深刻。故事的发生地北郊就是南京覆舟山。覆舟山曾是皇家园林，位于南京市玄武区太平门内西侧。

【画龙点睛】

成语"画龙点睛"的故事，出自唐朝张彦远的《历代名画记·张僧繇》。南北朝时期梁朝著名的画家张僧繇（yáo），绘画技艺高超。梁武帝要在金陵（今南京）修建安乐寺，请张僧繇在寺庙墙壁上画四条龙。龙画好后，惟妙惟肖、栩栩如生，慕名而来的人们纷纷称赞不已。但细心人发现，他画的龙没有眼睛。张僧繇解释说，点了眼睛龙就会飞走。大家认为他的说法很荒诞。于是他点了其中两条龙的眼睛。一会儿，雷电大作，墙壁震破，两条龙腾云冲天。墙上只剩下没有点眼睛的两条龙。

这个故事发生在今天南京夫子庙附近，因战乱，当年的安乐寺已不复存在了。后来，人们常用"画龙点睛"形容说话或写文章，在关键处点明中心，使全篇内容准确生动。

与南京相关的成语还有很多，其中发生在夫子庙、乌衣巷、王谢堂前的成语占很大比例。如东床快婿、才高八斗、凤毛麟角、空洞无物、管中窥豹、一往情深、人琴俱亡、大笔如椽、渐入佳境、梅花三弄、危言耸听、盲人瞎马、咄咄逼人、青梅竹马、两小无猜……

（2）八大古都之一的河南洛阳，在我国上下五千年的历史中，或是帝都，或是陪都。儒学始于洛阳，墨学源于洛阳，佛学首传于洛阳，道学植根于洛阳，理学发端于洛阳，如此悠久深厚的传统文化，同样也孕育了众多的洛阳成语。如：洛阳纸贵、洛阳才子、举案齐眉、前倨后恭、程门立雪、王祥卧冰、挑肥拣瘦、乐不思蜀、孔子问礼、后顾之忧、拨云见日、冰清玉润、洛鲤伊鲂、鹤立鸡群、画饼充饥、管鲍分金、国色天香、问鼎中原、枹鼓不鸣、狗尾续貂、司马昭之心路人皆知等。

【洛阳纸贵】

典出《晋书·文苑·左思传》："豪贵之家

竞相传写,洛阳为之纸贵。"故事发生在西晋年间,著名的文学家左思写《三都赋》,在都城洛阳广为流传。因当时还没有印刷术,人们只能争相传抄,以至洛阳当地纸张供不应求,纸价飙升。现在多用来比喻作品极具价值,流传甚广。

【乐不思蜀】

典出《三国志·蜀书·后主传》注引《汉晋春秋》:"问禅曰:'颇思蜀否?'禅曰:'此间乐,不思蜀。'"能够让刘禅"不思蜀"的地方就是洛阳。三国时期,刘备占据蜀地,建立蜀国。他死后,儿子刘禅继位,刘禅昏庸无能,蜀国终被魏国所灭。刘禅被安置在魏国都城洛阳,过着奢华的生活。一次,魏国权臣司马昭宴请刘禅,故意安排蜀国的歌舞,在座的人都因思念家乡而落泪,刘禅却无动于衷。于是,司马昭问刘禅,是否思念蜀地?刘禅回答说:"这里很快乐,不思念蜀地。"此后,乐不思蜀多泛指在新环境中得到乐趣,不再想回到原有的环境中去。

【孔子问礼】

《史记·老子韩非列传》记载孔子问礼于老子故事。老子是当时的大学问家，孔子为向老子学习，不远千里前往，问礼于老子。据史料记载，孔子一生曾多次问礼于老子，其中一次发生在春秋时期鲁昭公二十四年（公元前518年），地点在周都洛邑，即洛阳。今之洛阳市东关，有条小街名叫"东通巷(旧铜驼巷)"，巷北头就是传说中老子的故居，是孔子向老子请教之地。

（3）开封是一座有着两千多年历史的文化名城，史上曾称东京、汴京，是中国八大古都之一，著名的《清明上河图》的原创地。北宋时，

开封是首都,是当时世界上第一大城市。作为中国古代历史文化名城,开封人文荟萃、名家辈出,千百年来的辉煌历史和深厚的文化积淀,经过历史的荡涤,沉淀出大量人们耳熟能详的成语。比如:杞人忧天、五十步笑百步、大腹便便、抱薪救火、不学无术、窃符救赵、得意忘形、出人头地、高阳酒徒、虚左以待等。

【杞人忧天】

出自《列子·天瑞》:"杞国有人,忧天地崩坠,身亡所寄,废寝食者。"意思是杞国有个人,老是担心天会塌下来,使自己无处安身,以致吃不下饭睡不着觉。现在常用来比喻不必要或者缺乏根据的忧虑和担心。杞国是周代的诸侯国,就是今天的河南开封杞县。

【五十步笑百步】

语出《孟子·梁惠王上》:"孟子对曰:'王好战,请以战喻。填然鼓之,兵刃既接,弃甲曳兵而走,或百步而后止,或五十步而后止。以五十步笑百步,则何如?'曰:'不可,直不百步耳,是亦走也。'"孟子在与梁惠王交谈中打了一个比喻：两军作战，其中一方战败，假若有人逃了五十步，有人逃了一百步。这时候那个逃了五十步的人就嘲笑那个逃了一百步的人，说他胆小怕死。孟子问梁惠王这种做法是否可取呢？梁惠王自然认为不可取。因为逃跑五十步和逃跑一百步虽然在数量上是有区别的，但在本质上却是一样的，都是逃跑。所以"五十步笑百步"用来形容自己跟别人有同样的缺点错误，只是程度上轻一些，却毫无自知之明地去讥笑他人。这个故事的主人公梁惠王就是魏国的第三代国君魏惠王，魏惠王六年，迁都大梁，就是今天的河南开封。因此，在《孟子》一书中称其为梁惠王。

（4）郑州是华夏文明的发祥地之一，灿烂悠久的文化使郑州诞生了不少著名成语典故，如郑人买履、买椟还珠、天下熙熙皆为利来、天下攘攘皆为利往等。

【郑人买履】

典出《韩非子·外储说左上》："郑人有欲买履者，先自度其足，而置之其坐。至之市，而忘操之。已得履，乃曰：'吾忘持度。'反归取之。及反，市罢，遂不得履。人曰：'何不试之以足？'曰：'宁信度，无自信也。'"故事讲的是郑国人因过于相信"尺度"，而造成错过买鞋的故事。讽刺人做事死板，墨守成规，遇事不懂得变通。故事发生在春秋时代的郑国，就是今天的河南郑州新郑市。

【买椟还珠】

典出《韩非子·外储说左上》："楚人有卖其珠于郑者，为木兰之柜，薰以桂椒，缀以珠玉，饰以玫瑰，辑以羽翠，郑人买其椟而还其珠。"春秋时期，一位楚国人有上等的珍珠拿到郑国去卖，为了卖个好价钱，他使用木兰为珍珠做了木匣子，并用桂椒熏制，还在匣子上镶上珠宝玉石，雕上花纹。郑国人不识货，买到后把匣子留下，却把珍珠还给了楚国人。现在常用来比喻没有眼力、取舍不当。故事也是发生在春秋时期的郑国，即今天河南郑州。

以上两条成语的发生地在郑州，作者韩非子就是河南新郑人。

第六讲

成语辨误

　　说话、写文章,经常会用到成语。恰当地使用成语可以更好地表达意思,增加文采。可是如果我们读错了成语的字音,写错了成语的字形,或者因理解错了成语的含义而用错了成语,就会影响表达的效果,甚至会造成误解,闹出笑话。

　　绝大多数成语都源自古代,古代的字音、字义和成语的出处,都不是今人很熟悉的。所以,在成语的实际应用中,读错、写错和用错的现象很普遍。下面我们就从成语的读音、成语的书写、成语的使用这三个方面来说说成语辨误问题。

一　不要读错

大腹便便 piánpián，不读 biànbiàn。

每一条成语都有其固定的读音。如果读错了，就会影响对成语的理解和使用。误读成语有以下几种情况：

1. 不了解传统读音

成语之所以为成语，是因为它是长期习用而固定下来的词组或短句，很多成语已经有上千年的历史了。随着时间的推移，汉语的语音和词义已经发生了一些变化，而有些成语却仍然保持着原有含义和传统读音，如果我们按照现在的常用读音去读就错了。下面的例子是常见误读的成语。

【暴虎冯河】bàohǔ–pínghé

这个成语很容易被读成"暴虎féng河"。这样读,就读错了一个字音"冯"。可能有人会问:"冯"难道不读féng吗?的确,在现代汉语中,"冯"是作为姓氏使用的,应该读féng。但是在古代,"冯"还有一个含义,与"憑(píng)"即简化字"凭"相同。"暴虎冯河"出自《诗经·小雅·小旻》:"不敢暴虎,不敢冯河。""暴虎"的意思是空手打虎,"冯河"的意思是徒步过河,用来比喻冒险蛮干,有勇无谋。现代汉语中,"冯"相当于"凭"的词义消失了,与其相应的读音píng也很少有人知道了。只有在"暴虎冯河"这个成语和古文中还保留着píng的读音和相应的含义。所以,"暴虎冯河"应该读为"暴虎píng河",不能把"冯"读成féng。值得注意的是成语中的"冯"并不都读píng,也有读féng的。"冯"究竟读不读píng,要看其含义是否与"凭"相同,如果不同,那就还应读为féng。如:"再作冯妇",

意思是重操旧业,出自《孟子·尽心下》:"晋人有冯妇者,善搏虎……""冯妇"是人名,所以"再作冯妇"应该读为"再作féng妇"。

【否极泰来】pǐjí – tàilái

意思是情况坏到了极点就会好转。现在,我们口语中经常会用到"否"字,如:"是否""否定""否则""不置可否"等,在这些词语中"否"都应该读fǒu,而成语"否极泰来"中的"否"却不能读成fǒu,而应该读为pǐ。为什么这样说呢?这是因为在这个成语中"否"和"泰"有特定的含义,它们都是六十四卦中的卦名,"否"指天气和地气不交接,表示闭塞不通;跟"否"相对的"泰"表示天气向下,地气上升,表示通达,安宁。"否"作为卦名时应读pǐ。可见,这个成语应读为"pǐ极泰来"。白居易诗《遣怀》中有这样的诗句:"乐往必悲生,泰来由否极。""否极泰来"也可以说成"否去泰来""否终则泰"。另外,"否"当"贬斥"讲的时候,也读pǐ,如"臧否人物"。这个成语意思是评议别人,"臧否",就是"褒贬",单讲"否"就是贬斥,所以这个成语应读为"臧 pǐ 人物"。

【图穷匕首见】túqióng bǐshǒu xiàn

这个成语也可以说成"图穷匕见",来源于战国时荆轲刺秦王的故事。燕太子丹派荆轲去刺杀秦王,荆轲以献燕国督亢的地图为名,预先把匕首卷在图里,到了秦王座前,慢慢把地图展开,最后露出匕首。这个成语的意思是比喻事情发展到最后,终于露出了真相或本意。读这个成语时如果把"见"读成 jiàn 就错了。为什么呢?原来,"见"的本义是"看见",后来引申出"呈现、显现"的意思,而这个新的含义最初仍用"见"这个字来表示,后来才改用"现"字。在这个意义上,"见"和"现"是"古今字"关系。"图穷匕首见"或"图穷匕见"形成成语的时间要早于"现"字出现的时间,而成语的特点就是具有高度的完整性和稳定性,所以即使后来表示"呈现、显现"的意思应写成"现",但是在成语中还是要写成原来的字形"见"。这样一来,"见"就成了多音多义字,"见"当"看见"讲时读 jiàn,当"呈现、显现"讲时读xiàn。"见"在这个成语中不是看见而是呈现的意思,当然应该读xiàn了。那么,成语中的"见"是不是都应读xiàn呢?也不尽然。比如"瑕瑜互见",意思是有缺点,也有优点。这个成语也包含"见"字。其中"瑕"是玉上的斑点,"瑜"是玉的光彩,"见",意思是看见。既然这个"见"是看见的意思,而不是呈现的意思,那么这个成语就应该读为"瑕瑜互jiàn"了。"见"读作xiàn。还有一个著名的例子,就是北朝民歌《敕勒歌》里有"天苍苍,野茫茫,风吹草低见牛羊",这里的"见"也是"显现"的意思。

【虚与委蛇】xūyǔwēiyí

这是个古老的成语,出自《庄子·应帝王》。意思是虚情假意,敷衍应酬。这个成语容易被错读成"虚与wěishé",这样读可能会使人误以为跟蛇有什么关系。查一下《现代汉语词典》就可以知道"委蛇"的读音是wēiyí,有两个义项,一个是:同"逶迤",另一个是:〈书〉敷衍;应付。所举的例词就是"虚与委蛇"。《现代汉语词典》

在"敷衍;应付"的前面标了一个〈书〉,表明"委蛇"是书面上的文言词语。"委蛇"作为文言词语,不仅保留了古代含义,也保留了古代读音,可见,"虚与委蛇"应读为"虚与wēiyí"。

【余勇可贾】yúyǒng-kěgǔ

这个成语猛一看没有生字,好像很容易读,可如果我们读成"余勇可jiǎ"就错了。这个成语来源于《左传·成公二年》:"欲勇者,贾余馀勇。"原来的意思是我还有余力可卖,谁要就可以来买,比喻还有剩余的勇力可以使出来。"余",我,"馀勇",多馀的勇力(现在"馀"已简化为"余")。"贾",现在最常用的读音是jiǎ,是姓氏,可是古代还有一个读音gǔ,意思是卖或招致等,"余勇可贾"中的"贾"是卖的意思,应该读gǔ。此外"富商大贾""行商坐贾""直言贾祸""多财善贾"中的"贾"也都读gǔ,如果读成jiǎ,就解释不通了。

2.没有恰当选择多音多义字读音

有些字的读音不止一个,意义也随之不同,这种字叫多音多义字。在成语中出现多音多义字时，应该音随义走，要根据成语中这个字的含义选择恰当的读音，否则就会出现错误。例如："横"有两个读音，一个是héng，意思是与地面平行，"横冲直撞"这个成语中的"横"就应该读héng；"横"的另一个读音是hèng，意思是粗暴、意外，"蛮横无理""飞来横祸"这两个成语中的"横"就应该读为hèng，如果不明白成语的意思就可能读错。又如："拔山扛鼎"，"鼎"，古代煮食物的器具。《史记·项羽本纪》说项羽"长八尺余，力能扛鼎"。又："于是项王乃悲歌慷慨，自为诗曰：'力拔山兮气盖世，时不利兮骓不逝。'"现在用"拔山扛鼎"形容力大无穷。很多人都把"拔山扛鼎"读成"拔山káng鼎"，其实"扛"在这里应该读为gāng。"扛"是一个多音字，我们最常用的读音是káng，它的另一个读音是gāng，这个读音很少用到。那么，怎么区分这两个读音呢？就要根据它的含义了。"扛"读káng时意思是用肩膀承载物体，读gāng时意思是用双手举重物。项羽力大无比，就像今天的举重运动员一样，可以用双手举起大鼎,所以这个字应该读为gāng。"力能扛鼎""扛鼎之作"的"扛"也读gāng。

您知道下面这些成语的正确读音吗?

【博闻强识】bówén-qiángzhì

这个成语的意思是见识广博,记忆力强。人们很容易错读成"博闻强shí",这是因为不知道"识"是一个多音多义字。"识"有两个读音,一个是大家熟悉的shí,作名词时,意思是知识,如:常识,作动词时,意思是认识,如:识文断字。另一个读音是zhì,意思是记,"博闻强识"的"识"就是"记"的意思,所以应该读为"博闻强zhì"。

【不亦乐乎】bùyìlèhū

2005年4月,时任总书记的胡锦涛同志在北京欢迎中国国民党主席连战先生时,曾说:"中国有句古话——有朋自远方来,不亦乐（lè）乎？"媒体报道后,有人说锦涛同志说得不对,"不亦乐乎"的"乐"应该读作yuè。也的确有很多人把"不亦乐乎"读作"不亦yuè乎"。

其实,锦涛同志没有读错。

"有朋自远方来,不亦乐乎？"出自《论语》第一篇，原文是"子曰：学而时习之，不亦说（yuè）乎？有朋自远方来，不亦乐（lè）乎？人不知而不愠，不亦君子乎？"

查《现代汉语词典》和《现代汉语规范词典》，"乐"字都有两个读音：lè，动词或形容词，意思是"高兴、快乐、笑"，如"乐观、乐趣、乐呵呵、乐天派、找乐子、乐不思蜀、乐极生悲"；yuè，名词，意思是"音乐"，如"乐曲、乐队、乐章、乐谱、乐器、乐谱、乐器、乐手、声乐、器乐、军乐、民乐、管弦乐、打击乐"。查《辞海》，"乐"有4种读音：yuè（音乐）、lè（喜悦、快乐）、yào（爱好，如《论语》："知者乐水，仁者乐山。"）、luò（暴乐：脱落稀疏貌）。其中，对"乐lè"解释举例就是《论语·学而》："有朋自远方来，不亦乐乎？"

可见，"不亦乐乎"应该读作"不亦lè乎"，而不该读作"不亦yuè乎"。

【大腹便便】dàfù-piánpián

这个成语形容人肥胖，肚子大（含贬义）。有些人把这个成语读成"大腹biànbiàn"，这样读就错了。"便"是一个多音字，它有两个读音，一个是 biàn，另一个是 pián。"便"单用的时候读 biàn，重叠起来组成"便便"时，就成了一个新词，跟"便"的本义没有关系了，读音相应的也就变了。"便便"的意思是肥胖，应该读为 piánpián。如果把"大腹便便"读成"大腹 biànbiàn"，人们就听不懂是什么意思了。还有一条成语也包含着"便"字，那就是"便宜行事"（也可以说成"便宜从事"），意思是不经特许、无须请示就可以根据具体情况自行斟酌处理事务。这个成语中的"便宜"也很容易读错。这是为什么呢？因为"便宜"有两个读音：如果表示价钱低，应该读 piányi，是个轻声词，比如说"早市里的蔬菜很便宜"；如果表示方便合适或便利，就应该读为 biànyí，比如说"学校门前就是公交车站，出行很便宜"，北京还有一家烤鸭店就叫"便宜坊"。"便宜行事"中的"便宜"根据其含义也应该读为 biànyí。由于表示价钱低的"便宜（piányi）"使用频率很高，而表示方便合适或便利的"便宜（biànyí）"使用频率较低，所以人们看到"便宜行事"这个成语时很自然的就错读成"piányi 行事"了。

【呱呱坠地】gūgū-zhuìdì

有一句歇后语大家都很熟悉："狗撵鸭子——呱呱叫"，意思是非常好。"呱呱"，读 guāguā，是模拟鸭子、青蛙等鸣叫的声音。由于"guāguā"的读音深入人心，所以，有些人见到"呱呱坠地"这个成语时也很自然地就读成"guāguā 坠地"了。其实这样读是不对的。"呱呱"还有另一个读音：gūgū，是模拟小孩子哭的声音。"呱呱坠地"指婴儿降生，虽然都是"呱呱"，但是婴儿的哭声和鸭子的叫声是不同的，"呱呱坠地"应该读为"gūgū 坠地"。

【间不容发】jiānbùróngfà

这个成语容易被错读成"间不容 fā"，读错的原因是选错了多音多义字的读音。如果把"发"读成 fā，就难以理解这个成语的含义了。

"发"是一个简化字，它是由"發"(fā)和"髮"(fà)简化而来。"發"和"髮"本来都是单音字，"發"指发射（把箭射出去），"髮"指头发。简化以后,以"发"来代替"發"和"髮"两个字,"发"也就成了多音多义字。

"发"读fā时所组成的词语不易读错,如:发稿、百发百中、一触即发、一言不发、发愤图强、朝发夕至、先发制人等。

"发"读fà时所组成的词语容易读错,"发"读fà时是"头发"的意思,如:"令人发指(fàzhǐ)""满头华发(huáfà)""毫发(háofà)不爽""怒发(nùfà)冲冠""鹤发(hèfà)童颜""断发(duànfà)文身""千钧一发(fà)""牵一发(fà)而动全身"等。"间不容发(fà)"的意思是中间容不下一根头发,指事物之间距离极小,这个"发"当然应该读为fà了。

顺便说一下,"间不容发"的"间"是"空间、中间"的意思,要读jiān,不读jiàn。

【量体裁衣】liàngtǐ-cáiyī

有个常用的成语叫"量体裁衣",但人们往往把它读作"量(liáng)体裁衣"。这是读错了,正确的读法应是"量(liàng)体裁衣"。

您会问:"做衣服前不是要用皮尺量

(liáng)好尺寸吗？为什么要说'量(liàng)体裁衣'呢？"

具体细致地量(liáng)好身长、肩宽、袖长、腰围、裤脚等尺寸再做衣服，是现代的裁缝做法，因为做出的衣服要求合体，甚至要求贴身。而古代做的衣服都是宽袍大袖，只要身高和胖瘦相差不大，同一件衣服很多人都能穿。特别是有古代礼数的约束，裁缝是不可能拿着皮尺去"亲密地"给老爷、太太、少爷、小姐们量什么胸围、裤长的，而是凭着眼力估量或打量对方的身高胖瘦来裁制衣料的。这里的"估量、打量"的"量"都读liàng，所以"量体裁衣"的"量"要读作liàng，不读liáng。

"量体裁衣"这个成语出自《墨子·鲁问》，原文是"量(liàng)腹而食，度(duó)身而衣"。与此类似的还有"量身定制""量身定做""量入为出""量力而为"，其中的"量"都是"打量、估量"的意思，都应该读liàng。

那么，"量"在成语中有没有读liáng的时候呢？也有，比如"车载(zài)斗量"中的"量"

就读liáng,这是因为这里的"斗量"是用斗(dǒu)来量(liáng)的意思。

【没齿不忘】mòchǐ-bùwàng

这个成语的意思是终身不能忘记。"没",读mò,意思是一直到终了,"没齿",终身。这个成语很容易被读成"méi齿不忘",如果这样读,"没齿"就成了"没有牙齿",意思就错了。

【难兄难弟】nànxiōng-nàndì/
　　　　　　nánxiōng-nándì

这个成语中有两个"难"字,我们知道,"难"是多音字,既然如此,"难兄难弟"应该读nànxiōng-nàndì呢,还是读nánxiōng-nándì呢?答案是:如果单念这个成语的话,把"难兄难弟"读为nánxiōng-nándì正确,读为nànxiōng-nàndì也正确,因为"难兄难弟"是字形相同而读音不同含义也不同的两个成语,但是,如果用在句子里,那就另当别论了。

"难兄难弟(nànxiōng-nàndì)":意思是"彼此曾共患难的人"或者彼此处于同样困难境地

的人，例如："他们两个人是同时被因地震倒塌的房屋掩埋，又一道被抢险队员解救出来的难兄难弟。"现在，读为"nànxiōng-nàndì"的这个成语使用频率比较高。

"难兄难弟（nánxiōng-nándì）"：南朝·宋·刘义庆《世说新语·德行》记载，陈寔（shí）曾说他的两个儿子"元方难为兄，季方难为弟"，意思是元方好得做他弟弟难，季方好得做他哥哥难。原义是指兄弟都非常好，现在这个成语多反用，讽刺兄弟俩或泛指两个人同样低劣。现在读为"nánxiōng-nándì"的这个成语使用频率比较低，例如："他们两个人横行乡里，鱼肉百姓，可以算得上是一对难兄难弟（nánxiōng-nándì）。"

总之，使用"难兄难弟"这个成语时，要根据所要表达的意思来选择恰当的读音。

【强人所难】qiǎngrénsuǒnán

这个成语的意思是勉强别人做不愿做或难做的事。在这个成语中容易读错的字是"强"，人们常把里的"强"错读成 qiáng。为什么说读"qiáng人所难"是错的,而正确的读音又是什么呢?要知道答案,要先知道"强"有几个读音。

"强"是一个多音字,它有3个读音:qiáng、qiǎng、jiàng。其中,比较好分辨的是jiàng。读jiàng时,意思是"强硬不屈、固执",可以组成"倔强(juéjiàng)"等词语。

"强"的另两个读音qiáng和qiǎng就不太好分辨了。如"强制"和"强迫"中的"强"读音是否一样呢?不太好确定。

要想区分词语中的"强"到底是读qiáng还是qiǎng,要从"强"的含义入手。如果是指力量大,使用强力,应该读qiáng,如:"强(qiáng)制","强(qiáng)渡","强(qiáng)攻","强(qiáng)加","强(qiáng)占";而如果是指迫使,勉强,就应该读qiǎng,如:"强(qiǎng)迫","强(qiǎng)逼","强(qiǎng)求","勉强(qiǎng)","强(qiǎng)使"。成语"强人所难"的"强"意思是勉强,应该读为qiǎng,

此外,"强颜欢笑""强词夺理""牵强附会"中的"强"也应该读为qiǎng。而"强弩之末""强取豪夺"中的"强",意思是力量大,使用强力,就应该读为qiáng。

【乳臭未干】rǔxiù-wèigān

这个成语是用来形容一个人的年幼无知,多含有讥讽的意思。读"乳臭未干"的时候最常见的问题是把"臭"读成chòu。"臭"是一个多音字,其中chòu是"臭"字最常用的读音,意思是气味难闻(跟"香"相对)。有些成语中的"臭"确实应该读chòu,如"臭不可闻""臭名远扬""臭名昭著""臭味相投""遗臭万年"。"臭"的另一个读音是xiù,意思是气味,"乳臭未干"中"乳臭"的意思是奶腥味,奶腥味不是臭味,所以绝不能把"乳臭未干"读成"乳chòu未干"。另一条成语"无声无臭"意思是没有声音,没有气味,比喻人没有名声。其中的"臭"也是气味的意思,所以也读xiù。其实,分辨带"臭"的成语读音很容易,只要弄清"臭"是否表示难闻的气味就行了。

【为富不仁】wéifù-bùrén

这个成语虽然没有生字,却也很容易读错,它的难点音是"为"字。"为"有两个读音,一个是 wéi,另一个是 wèi,在读这个成语时只能选择其中一个读音。那么如何选择呢?要看"为"在成语中的词性和含义。如果"为"是动词,有"做"的意思,就读 wéi。"为富不仁"的意思是指富人唯利是图,不讲仁义。"为富",追求发财致富,"为"在这里是个动词,应该读 wéi。"为"读 wéi 的成语还有"为非作歹""为人师表""为所欲为""古为今用、洋为中用"等。如果"为"是介词,有"替"的意思,就读 wèi,如"为虎作伥(chāng)",意思是帮助恶人做坏事,做恶人的帮凶。"为"在这里是个介词,应该读 wèi。"为"读 wèi 的成语还有"为民请命""为人作嫁""为渊驱鱼,为丛驱雀"。

【鲜为人知】xiǎnwéirénzhī

读这个成语时,有人把"鲜"读成 xiǎn,也有人把"鲜"读成 xiān,哪一个是正确的呢?我们得从"鲜"的含义入手来判断。"鲜"有两个读音:"鲜"读 xiān 时,其含义为新鲜,鲜美。以"鲜"(xiān)为词素的词语很多,如"鲜果、鲜红、鲜花、鲜活、鲜亮、鲜明、鲜血、鲜鱼、海鲜、河鲜、尝鲜"等。成语"屡见不鲜"或"数(shuò)见不鲜"中的"鲜"都是"新鲜"的意思,所以应读为 xiān,而不能读为 xiǎn。

"鲜"读 xiǎn 时,其含义是少,以"鲜"(xiǎn)字开头的词语较少,如:鲜见,鲜有等,带"鲜(xiǎn)"字的成语有"鲜为人知、寡廉鲜耻"等。这些词语一般都是书面词语,口语中少用,所以容易读错。

【心广体胖】xīnguǎng-tǐpán

这个成语容易被读成"心广体 pàng",这样读似乎也能讲得通:对任何事情都能放宽心,少了思想负担身体就容易发胖。其实这种读法和理解都是不对的。"胖"是一个多音多义字,其中大家最熟悉的读音是 pàng,意思是脂肪多,肉多(跟"瘦"相对),如:肥胖,胖子,胖乎乎;"胖"的另一个读音是 pán,意思是安泰舒适,如:"心广体胖"。这个成语原指心胸开阔坦荡,身体安泰舒适。后多用来形容心情开朗，无所牵挂，因而身体健壮。因为这个成语中的"胖"不是肥胖的意思，所以不能读为 pàng。

【载歌载舞】zàigē-zàiwǔ

这个成语很多人读成"zǎi 歌 zǎi 舞"，这是读错了多音多义字的读音。"载"是个多音多义字。"载"读 zǎi 时，其中一个意思是记录、刊登，如"载入史册"；另一个意思是年，如"千载难逢""一年半载""三年五载""十载寒窗"。"载"读 zài 时，第一个意思是装载，如"车载斗量"，第二个意思是充满（道路），如"怨声载道""饿殍载道"，如果"载……载……"连用，则表示两种行为同时或交替进行，有"且"的意思，读 zài，如"载歌载舞""载沉载浮"。可见，"载歌载舞"应读为"zài 歌 zài 舞"。

【古为今用】gǔwéijīnyòng

意思是古代的事物被拿来为今天使用。这里的"为"要读 wéi，意思是"被"。如果读作 wèi，这个成语的意思就变成了"古代的事物主动地为今天服务"了（这是不可能的）。同样道理，

"洋为中用"的"为"也应读作wéi。

3. 没有分清书面语读音和口语读音

有些字有文读和白读两种读音,所谓"文读"指的是书面语读音,所谓"白读"指的是口语读音。同是一个字,其书面语读音和口语读音却不相同,如"薄",书面语读音是bó,口语读音是báo。书面语读音一般用于合成词或成语中,如"薄弱、薄情、薄礼、稀薄、刻薄、微薄、薄利多销、尖嘴薄舌"中的"薄"应读bó;口语读音多用于口语中的单音词及少数日常生活的合成词中,如"薄棉袄、纸很薄、薄薄的一层"中的"薄"应读báo。北京的一种油炸的小吃叫"薄(báo)脆",是一种又薄(báo)又脆的油炸面片(天津叫"馃箅儿")。又如:"给"也有两个读音:gěi和jǐ。在口语中,"给"都是单用,应该读gěi,如"给我一本书""医生给他看病";"自给自足""目不暇给"是成语,其中的"给"就应该读书面语读音jǐ。

下面这些成语中文白两读的字您都能读对吗?

【勒】口语读音是 lēi，如"再勒紧一点儿"；在成语中应该读书面语读音 lè，如："悬崖勒马""敲诈勒索"。

【露】口语读音是 lòu，如"露馅儿"；在成语中应该读书面语读音 lù，如："赤身露体""藏头露尾""抛头露面""出乖露丑""初露锋芒""崭露头角"。

【熟】口语读音是 shóu，如"饭熟了"；在成语中应该读书面语读音 shú，如："半生不熟""瓜熟蒂落""耳熟能详""熟能生巧""滚瓜烂熟""熟门熟路"。

【血】口语读音是 xiě，如"流了点儿血"；在成语中应该读书面语读音 xuè，如："有血有肉""茹毛饮血""呕心沥血""狗血喷头""血口喷人"。

4. 看错了字形

汉字中有些字形相近的字，如果不仔细看很容易读错，例如："如火如荼"这个成语中的"荼"应读 tú，指茅草的白花，因为这个字和茶叶的"茶"字形相近，"如火如荼"就很容易被错读成"如火如chá";又如:"对簿公堂"这个成语中的"簿"应读bù,指记事记账的本子,因为这个字和薄厚的"薄"字形相近,"对簿公堂"很容易被错读成"对bó公堂"。所以,我们在读成语时,要看清每个字的字形。下面再举几个例子:

【刚毅木讷】gāngyì-mùnè

意思是性格坚毅质朴却不善辞令。"讷",迟钝,读nè,因为"讷"与"纳"字形相近,所以这个成语容易被错读成"刚毅木nà"。带"讷"字的成语还有"讷言敏行"等。

【相形见绌】xiāngxíngjiànchù

意思是相比之下,显得不如。其中的"绌"应该读chù,意思是有差距,不足。因为"绌"与"拙"字形相近,"相形见绌"常被读成"相形见zhuō"。"拙"的意思是笨,不灵巧,如"弄巧成拙";"拙"有时也表示自谦,指自己,如"拙见、拙作"。"绌"与"拙"是两个不同的字,意思也不同,不要把"绌"读成zhuō。

【向隅而泣】xiàngyúérqì

意思是面对着墙脚哭泣,形容极其孤立和绝望。因为这个成语中的"隅"字和"偶"字形相近,就有人把这个成语读成"向ǒu而泣",这样读就错了。"隅"和"偶"虽然字形相近,但是读音不同意思也不一样。"隅"读yú,意思是角落,可以组成"城隅、墙隅、向隅而泣、负隅顽抗"等词语;"偶"有三个义项:一是用木头、泥土等制成的人形,可以组成"偶像、木偶、玩偶"等词;二是双的,成对的,可以组成"对偶、配偶、丧偶、无独有偶"等词语;三是表示临时发生的,可以组成"偶然、偶遇、偶有所得、妙手偶得"等词语。"隅"和"偶"仅仅是字形相近,意思毫无关联,读音也不同,不要把"隅"读成ǒu,或读成yǔ。

【徇私舞弊】xùnsī-wǔbì

意思是为谋私利而弄虚作假、违法乱纪。其中的"徇"应该读xùn,意思是依从、曲从。带"徇"字的成语还有"徇私枉法""不徇私情""法不徇情"等。因为"徇"字与"询"字的字形相近，所以这个成语容易被错读成"xún私舞弊"。"询"是问的意思，如"询问"，跟"徇"的意思毫不相干，所以不能把"徇"读成xún。

5.读字读半边

这种情况主要体现在形声字上。所谓形声字是由形旁和声旁合成的，形旁和字的意义有关，声旁和字的读音有关。汉字中有80%以上的字是形声字，由于古今字音的演变比较快，而汉字的形体却相对稳定，现在只有很少的形声字的读音和声旁的读音相同了。如果我们按照声旁来确定汉字的读音，就很可能读错。例如："涸辙之鱼"这个成语中的"涸"，应读hé，而不能读半边"固"；又如："一蹴而就"，这个成语中的"蹴"应读cù，不能只读半边"就"。"蹴"当踏讲，一蹴而就，意思是踏一步就成功，表示轻而易举。把"蹴"读成"就"，就无法理解了。

下面再举几个例子：

【瞠目结舌】chēngmù-jiéshé

这个成语的意思是瞪着眼睛说不出话来，形容受窘或惊呆的样子。"瞠"，左边是目字边，右边是"堂"字,读chēng,不要读táng。

【厝火积薪】cuòhuǒjīxīn

把火放在柴堆下面,比喻潜伏着很大的危险。"厝",放置,偏厂儿旁,加一个"昔"字,读cuò,不要读xī。

【饿殍遍野】èpiǎobiànyě

到处都是饿死的人,形容荒年惨景。"殍",饿死的人,歹字旁,右边是"孚"字,读piǎo,不要读fú。

【觥筹交错】gōngchóujiāocuò

形容许多人相聚饮酒的热闹场面。"觥",古代用兽角做的酒器,角字旁,右边是"光"字,读gōng,不要读guāng。

【恪尽职守】kèjìnzhíshǒu

意思是谨慎认真地做好本职工作。"恪",谨慎、恭敬,竖心旁,右边是"各"字,读kè,不要读gè。

【奴颜婢膝】núyán-bìxī

这个成语是形容低三下四,卑躬屈膝的样子。其中的"婢"应读bì。"婢"字左边是女字旁,右边是"卑(bēi)"字。"婢"指婢女,"卑",指地位低下或品质低劣,在这个成语中"奴才"和"婢女"相对,如果把"奴颜婢(bì)膝"读成"奴颜bēi膝"就错了。还有,"膝"读xī,不要因为跟"漆"字形相近而误读为qī。

【人声鼎沸】rénshēngdǐngfèi

这个成语是形容人声喧闹嘈杂,如同鼎中的水煮沸了一样。"沸"字左边三点水,右边是"弗"字,读fèi,不要读fú。

【纨绔子弟】wánkùzǐdì

指富贵人家游手好闲、不务正业的子弟。"绔",绞丝旁,右边是"夸"字,读kù,不要读kuà。

【循规蹈矩】xúnguī-dǎojǔ

原指遵守规矩,现多指拘泥于旧的准则,不敢稍作变通。带"矩"字的词语还有"矩形、规矩"。"矩"矢字旁,右边是"巨"字,读jǔ,不要读jù。

【自惭形秽】zìcánxínghuì

泛指自愧不如别人。"秽",丑恶,丑陋。

禾木旁，右边是"岁"字，读huì，不要读suì。

6. 不知道异读词的规范读音

所谓异读词是指有两种或两种以上的读音但意义不变的词。1985年12月国家语言文字工作委员会、国家教育委员会、广播电影电视部正式公布了《普通话异读词审音表》，现在，异读词的规范读音应以这个《审音表》为准。但是，受习惯读音的影响，我们口语中有些字的读音和规范读音不一致，因为很多人都这样读，而且也不影响交流，就引不起人们重视，例如，"惩前毖后"的"惩"，规范读音是chéng，而我们口语中常错读成chěng；又如，"乘风破浪"的"乘"，规范读音是chéng，而我们口语中常错读成chèng；再如，"贪赃枉法"的"枉"，规范读音是wǎng，而我们口语中常错读成wàng；还有，"登堂入室"的"室"，规范读音是shì，而我们口语中常错读成shǐ。看看下面成语的规范读音，跟您心想的读音一样吗？

【诲人不倦】huìrénbùjuàn

"诲"的规范读音是 huì，不读 huǐ。同类的还有"谆谆教诲"。

【咎由自取】jiùyóuzìqǔ

"咎"的规范读音是 jiù，不读 jiū。同类的还有"既往不咎"。

【龙潭虎穴】lóngtán-hǔxué

"穴"的规范读音是 xué，不读 xuè。同类的还有"穴居野处""不入虎穴，焉得虎子"。

【麻痹大意】mábì-dàyì

"痹"的规范读音是 bì，不读 pí。

【面目可憎】miànmùkězēng

"憎"的规范读音是 zēng，不读 zèng。同类的还有"爱憎分明"。

【体无完肤】tǐwúwánfū

"肤"的规范读音是 fū，不读 fǔ。

【涂脂抹粉】túzhī-mǒfěn

"脂"的规范读音是 zhī，不读 zhǐ。同类的还有"民脂民膏"。

掌握成语的规范读音，是对成语读音的更高层次的要求。

二　请勿写错

"班门弄斧"误写成"搬门弄斧"

人们在使用成语的时候，只要稍不注意就可能写错，写错成语大体上有以下几种情况：

1. 误写成同音字或近音字

书写成语的时候，容易出现的错误是把某个字误写成另一个同音字或近音字，这样就使人难以理解成语的准确含义，例如："偃旗息鼓"的"偃"(yǎn)容易被错写成同音字"掩"。"偃"和"掩"的意思是不一样的。"偃"的古代义是"倒下；放倒"，"偃旗"就是放倒旗帜，而"掩"

的意思是"遮盖；遮蔽"，含有"掩"的成语有"掩人耳目""迅雷不及掩耳"。如果把"偃旗息鼓"的"偃"写成"掩"，意思就成了遮盖旗帜了，这样就和成语的原义不一样了。还有一条成语是"源远流长"，很多人误写成"渊远流长"，"源"读yuán，"渊"读yuān，这两个字是近音字，含义也不一样。"源"指水源，"源远流长"是说水的源头很远，流程很长。"渊"指水潭，深水池。把"源"写成"渊"，这个成语就解释不清了。

下面，我们再具体解析几个因使用同音字或近音字而写错的成语：

【按部就班】

有人写成"按步就班"，把"部"误写成同音字"步"。"部"和"步"的含义是不同的，"按部就班"中的"部"意思是门类，"班"的意思是次序。这个成语原指按照一定的门类，依照一定的次序安排文章结构，组织词句。现在的意思是按一定的规矩、程序办事。"部"与脚步的"步"只是读音相同，含义却不同，不能把"部"

写成"步"。

【黯然失色】

黯然，阴暗的样子，这个成语的意思是事物失去了原有的色泽，光彩。"黯"很容易被写成"暗"。"黯"和"暗"读音相同，字义相近。"黯"的意思是阴暗，"暗"的意思是黑暗，光线不足。这两个字有时可以通用，如："黯淡"也可以写成"暗淡"，但有时就不能通用，"黯然"可以指阴暗，也可以引申指心情的沮丧，如带"黯"的成语有"黯然失色""黯然无光""黯然神伤""黯然泪下""黯然销魂"等；"暗"可以指不明亮，也可以引申指不公开、不光明，带"暗"字的成语有"弃暗投明""明争暗斗""明枪暗箭""明修栈道，暗度陈仓"等，在这些成语中"黯"和"暗"不能互换。

【班门弄斧】

这个成语容易被写成"搬门弄斧"，为什么会出现这样的错误呢？主要是因为"搬"和"班"字音相同，写成"搬门弄斧"意思就成了搬开房门玩弄斧子。其实这个成语不是这个意思。

"班"指的是鲁班，我国古代的一位出色的发明家。据古籍记载，木工使用的很多器械都是他发明的，如曲尺、墨斗、锯子、刨子、钻子等，我国的土木工匠们都尊称他为祖师。"班门弄斧"的意思是在建筑工匠的祖师鲁班门前舞弄斧子，比喻不自量力，在行家面前炫耀本领。要是知道了"班"的含义，就不会写错这个成语了。

【变本加厉】

这个成语的意思是变得比原来更加严重（含贬义）。"本"指本来的，"加"，更加，"厉"，猛烈。有人把这个成语误写成"变本加利"，把"厉"写成"利"，仅一字之差，意思就变了，"本"成了本钱，"利"成了利润，这个成语就成了赚钱很多的意思。另外，这个成语也不能写成"变本加励"或"变本加历"。

【别出心裁】

有些人认为这个成语的意思是另外想出了新的办法或主意，所以错写成"别出新裁"。其实这个成语的意思是独创一格，与众不同。"心裁"指的是心中的设计筹划，而"新裁"则是一个生造的词,所以,不要写成"别出新裁"。

【重蹈覆辙】

这个成语比喻不吸取失败教训,重犯过去的错误。"重蹈覆辙"中的"覆"容易错写成"复"。"覆"和"复"字音相同,含义不同。"覆",是翻倒的意思,"辙",是车轮碾轧出的沟痕,"覆辙",是翻过车的道路。而"复"是重复的意思,如果写成"复",人们就可能会理解为"重复的道路",这和成语的原义就不一样了。

【精兵简政】

这个成语的意思是缩小机构,精简人员。有人写这个成语时把"简"换成了同音字"减",这样,"精兵简政"就成了"精兵减政",似乎也能解释得通。但是,"简"和"减"的含义并不相同。"简"在这里有"使简单、由繁变简"的意思,"简政"不是单纯地"减少"机构,而是缩小机构,使机构更精干,人员素质更高,所以,这个成语一定要写成"精兵简政"。

【美轮美奂】

这个成语出自《礼记·檀弓下》:春秋时晋

国大夫赵武建造宫室落成后,人们前去庆贺。大夫张老说:"美哉轮焉,美哉奂焉!"后来用"美轮美奂"形容新屋高大美观,也形容装饰、布置等美好漂亮。"轮",轮囷(qūn),古代的圆形谷仓,形容高大的样子。在现代汉语中"轮"已经没有这个含义了,所以写这个成语时"轮"容易被同音字"仑"所替代,写成"美仑美奂"。"仑"的读音虽然和"轮"相同,但是含义却不同,"仑"的含义是条理、次序,写成"仑"就无法解释这个成语了。

【青出于蓝而胜于蓝】

"蓝",蓼(liǎo)蓝,一种草本植物,叶子含蓝汁,可作蓝色染料。"青",靛青,从蓼蓝叶汁中提炼出来的青色染料,颜色比蓝深,所以说"青出于蓝而胜于蓝",比喻学生胜过老师,后人胜过前人。因为"蓝"与"兰"同音,有些人就把"蓝"写成了"兰",这是错误的。"兰"是"蘭"的简化字,指兰花,带"兰"字的成语有"春兰秋菊""兰桂齐芳""蕙心兰质""桂馥兰香"等,其中的"兰"与"蓝"的含义不同,没有什么关系。

【贻笑大方】

这个成语的意思是让内行笑话。"贻笑",见笑;"大方",指专家、行家。这个成语中的"贻"很容易被写成"遗"。"遗""贻"二字,都有"留下"的意思,有时可以通用,但如果专指"死人留下",要用"遗",表示一般留下则用"贻"。"贻笑大方""贻害无穷""贻人口实"这几个成语中的"贻"都不能写成"遗"。以"遗"字开头的成语有"遗臭万年""遗风遗泽"等。

【振聋发聩】

"聩",耳聋。这个成语的意思是发出的响声很大,使耳聋的人都能听到。比喻话语或文章有很大的震撼力量,能唤醒麻木的人。"振"与"震"音同义近,都有摇动、抖动的意思,但是"震"比"振"的程度剧烈。在成语中究竟应该写"振"还是写"震",是从古代传承下来,不能随意变动的,如"振聋发聩""一蹶不振""振奋人心""振振有词"等成语中的"振"不能写成"震",而"震天动地""震耳欲聋""震撼人心"

中的"震"不能写成"振"。

下面这些成语中有的字也容易写成同音字或近音字,您都注意到了吗?

【标新立异】

提出新奇的主张,表示与一般不同。"异",独特,与众不同。不要把"异"写成"意"。

【不假思索】

用不着经过思考(就做出反应)。"假",凭借,依靠。不要把"假"写成"加"。

【不可救药】

指病很重,不能抢救治疗。比喻人或事情已经坏到无法挽救的地步。"药",治疗。不要把"药"写成"要"。

【川流不息】

河水流动不停,形容行人、车马等像水流一样连续不断。"川流"是河水流动,不要把"川"写成"穿"。

【唇枪舌剑】

形容争辩激烈,言辞锋利。"舌剑",舌头似剑,不要把"剑"写成"箭"。

【独当一面】

单独担当一个方面的任务。容易误写成"独挡一面"。"当"和"挡"的读音、字形、含义都不同,"当"读 dāng,是主持、掌管的意思;"挡"读 dǎng,是阻拦的意思,不要混淆。带"当"(dāng)字的成语还有"螳臂当车""锐不可当"等。

【凤毛麟角】

比喻珍贵而稀少的人或事物。"麟角",麒麟的角,不要把"麟"写成同音字鱼鳞的"鳞"。

【甘拜下风】

承认不如别人,心甘情愿地居于下位。"拜",行礼表示敬意,在这里有拜服、佩服的意思,不要把"拜"写成"败"。

【各行其是】

各自按照自己认为正确的去做。"是",正确。不要把"是"写成"事"。

【攻城略地】

攻打城池,夺取地盘。"略",夺取。不要把"略"写成"掠"。

【诡计多端】

狡诈的计谋或坏主意非常多。"诡"的意思是欺诈、奸猾。不要把"诡"写成"鬼"。

【焕然一新】

形容人或事物呈现出全新的面貌。"焕然",形容有光彩。不要把"焕"写成表示改换的"换"或表示涣散的"涣"。

【金榜题名】

科举时代指殿试的录取榜上有自己或某人的名字。被录取者由此就能进入仕途,获取功名利禄;后泛指考试被录取。"题",写上,签署。不要把"题"写成"提"。

【噤若寒蝉】

像深秋的蝉一样不再鸣叫。形容因害怕而不敢说话。噤,闭口不作声。不要把"噤"写成表示禁止的"禁"。

【滥竽充数】

比喻没有真实本领的人,混在行家队伍里充数。也比喻以次充好。"滥"有不符合实际、冒充的意思,"竽",古代乐器。不要把"滥"

写成"烂"。

【老奸巨猾】

形容十分奸诈狡猾。"猾",狡猾。不要把"猾"写成表示光滑的"滑"。

【人才辈出】

有才能的人一批批涌现。"辈出",一批一批地连续出现。不要把"辈"写成"倍"。

【所向披靡】

比喻力量所到之处,一切障碍全被扫除。"披靡",(草木)随风散乱地倒下,或指(军队)溃散。不要把"靡"写成"糜"。

【提纲挈领】

抓住网的总绳,提住衣服的领子。比喻把问题简明扼要地提炼出来。"挈",读 qiè,提起,举起。不要把"挈"写成"携(xié)"。

【委曲求全】

曲意迁就,以求保全。"委曲",勉强,迁就;"委屈",指受到不公正待遇或指责而心里难受。不要把"委曲"写成"委屈"。

【责无旁贷】

属于自己应尽的责任，不能推卸给别人。"贷"，推卸，不要写成表示代替的"代"。

【仗义执言】

为了正义说公道话。"执"有"坚持"的意思，不要把"执"写成"直"。

【直截了当】

形容说话、做事干脆爽快，不绕圈子。不要写成"直接了当"。

【中流砥柱】

比喻在危难中能起支柱作用的人或力量。"砥柱"指黄河激流中的砥柱山（在河南三门峡东，现已炸平），不要把"砥"写成"抵"。

【走投无路】

无处投奔，无路可走。比喻身处绝境，找不到出路。"投"，投奔。不要把"投"写成"头"。

2. 误写成形近字

我们书写成语时，要仔细看清字形，避免写成形近字，例如：

【暴殄天物】

意思是任意糟蹋东西。"殄",读tiǎn,灭绝;"天物",自然界的鸟兽草木等。由于"殄"字比较生僻,又和常用字"珍"字形相近,所以容易错写成"珍",并误读为zhēn。

【病入膏肓】

形容疾病已发展到不能治愈的程度,也比喻事情严重到无法挽救的地步。"膏肓"(gāohuāng),我国古代医学将心尖脂肪叫膏,将心脏与膈膜之间叫肓,认为是药力达不到的地方。"肓"字比较生僻,现在很少用到,而它的字形又与表示眼睛失明的常用字"盲"的字形相近,只差一横,所以很容易被错写成"盲"并误读为máng。

【不落窠臼】

窠臼,鸟巢和舂臼。窠读kē。"窠臼"比喻现成的格式或老套子。这个成语的意思是文章或艺术等有独创风格,不落俗套。窠与巢的字形相近,读音不同,巢读cháo,虽然也有鸟巢的意思,但是没有上述的比喻义,不能把"窠"

写成"巢"。

【草菅人命】

把人命看得和野草一样,指任意残杀人民。这个成语容易被写成"草管人命",并读成"草 guǎn 人命"。其实,"菅"和"管"是音、形、义完全不同的两个字,"菅",读 jiān,一种多年生草本植物,是草字头;而"管"是竹字头,本来指竹管,后泛指像竹管一样的圆筒形的东西,也指负责办理、供给、保证等。注意不要写错。

【飞扬跋扈】

形容得意而骄横狂妄。"飞扬",放纵;跋扈(hù),强横。"跋",足字旁,不要写成提手旁的"拔"。

【刚愎自用】

倔强固执,自以为是。"愎",读 bì,乖僻,执拗。"愎"是竖心旁,不要写成月字旁的"腹",也不要写成"复"。

【鬼鬼祟祟】

形容行为诡秘,不光明正大。祟,读 suì,

指鬼神制造的灾祸。"祟"与表示高的"崇"字形相近,容易写成"崇",并把这个成语错读成"鬼鬼chóngchóng"。"祟"和"崇"的字形都是上下结构,但是组成这两个字的部件是不同的:"祟"的上面是"出",下面是"示";"崇"的上面是"山",下面是"宗"。书写这个成语时,一定要注意"祟"的字形和写法。

【好高骛远】

不切实际,追求过高过远的目标。不要写成"好高鹜远"。"骛"和"鹜"读音相同,字形相近,都是上下结构,上面相同,下面一个是"马",一个是"鸟"。"骛"本义是马乱跑,引申为胡乱追求。有人误以为能高飞致远的一定是鸟类,于是就把"骛"错写成"鹜"。"鹜"是鸭子,带"鹜"的成语有"趋之若鹜""鸡鹜争食""鸡鹜相争"等。

【怙恶不悛】

坚持作恶,不思悔改。这个成语容易读错也容易写错。"怙"(hù),依靠,仗恃;"悛"(quān),悔改。"悛"是竖心旁,不要写成单人旁的"俊",也不要读成jùn。

【戒骄戒躁】

这个成语的意思是提醒自己,防止骄傲和急躁。其中的"躁"容易被写成"燥"。"燥"是火字旁,表示干燥,缺水分,如:"干燥""燥热""枯燥无味""口干舌燥",而"戒骄戒躁"的"躁"是足字旁,用脚走动,表示好动,性急,不冷静,如:"急躁""暴躁""烦躁"。"戒骄戒躁"的"躁"是因为性急不冷静而引起,而并非因为缺水分而引起,所以不能写成"戒骄戒燥",带"躁"字的成语还有"心浮气躁""稍安勿躁"等。

【金碧辉煌】

形容建筑物等华丽精美、光彩夺目。"金碧",金黄色和碧绿色。"碧",上下结构,上面是"珀"字,下面是"石"字,容易被写成同音字"壁","壁"也是上下结构,但是上面是"辟"字,下面是"土"字,"金碧辉煌"并不是指"金色的墙壁辉煌",所以不能写成"金壁辉煌"。

【鳞次栉比】

像鱼鳞和梳子的齿一样,一个挨着一个地排列着,多用来形容房屋等密集。"栉"读 zhì,不读 jié,也不要写成"节"。

【拈轻怕重】

接受工作时挑拣轻松的,害怕繁重的。"拈"读 niān,不要写成"沾"。

【罄竹难书】

用尽竹子制作的竹简也难以写完。形容事实(多指罪行)多得不可胜数。"罄",用尽,不要写成表示乐器的"磬"。

【如法炮制】

依照成法炮制中药,泛指照现成的方法办事。"炮"指把药材放在热铁锅里加温制成中药的方法,读 páo,因为不是使用浸泡的方法来制作,所以不要写成"泡",也不要读成 pào。

【稳操胜券】

比喻有充分的把握取胜。"券"读 quàn,票据或作为凭证的纸片。"券"和"卷"(juàn)读音不同,含义不同,字形相近,容易被误写成"稳操胜卷"。带"券"的成语还有"必操胜券""丹书铁券""稳操左券"等；带"卷"（juàn）的成语有"开卷有益""手不释卷""卷帙浩繁""压卷之作"等，书写成语时要知道这两个形近字的区别。

【徇情枉法】

为屈从私情而歪曲法律或做违法乱纪的事。"徇情"，为照顾私情而不讲原则。这个成语容易被写成"殉情枉法"，"殉情"，由于在爱情上受到阻碍而自杀。"徇情"和"殉情"读音相同，字形不同，含义也完全不同。"徇情"的"徇"是双人旁，"殉情"的"殉"是歹字旁，注意不要写错。带"徇"字的成语还有"徇私舞弊""法不徇情"等，带"殉"字的成语有"以身殉职"等。

3. 不知道异形词的推荐词形

有些成语历来有不同的写法，例如："流言蜚语"又可以写成"流言飞语"，两种写法同时存在，都可以从词典中查到。它们读音相同、含义相同、用法相同，仅仅是书写形式不同，属于异形词。异形词的存在是不利于成语的使用的。2001年,教育部、国家语委公布了《第一批异形词整理表》下简称《整理表》,对部分异形词进行了整理规范,其中包括一部分异形成语。《整理表》给出了每组异形词的推荐使用词形。当然,如果写了非推荐词形也不能算写错了,但是既然有了规范,我们就应该自觉地使用推荐词形,这将有利于成语书写的规范化。我们怎样才能知道异形成语的哪一个词形是推荐词形呢?可以查阅《现代汉语词典》。这部词典收录了很多异形成语,明确区分了推荐词形与非推荐词形。词典的"凡例"说明了立目时对异形词的区分方法:

一种情况是:对"已有国家试行标准的,以推荐词形立目并做注解,非推荐词形加括号附列于推荐词形之后",《整理表》中所有的异形成语都已收入《现代汉语词典》之中,下面,我们把《现代汉语词典》中已有国家试行标准的成语推荐词形汇总如下(列在前面的是推荐词形,列在后面的是非推荐词形):

【毕恭毕敬】（必恭必敬）

【出谋划策】（出谋画策）

【负隅顽抗】（负嵎顽抗）

【孤苦伶仃】（孤苦零丁）

【骨瘦如柴】（骨瘦如豺）

【归根结底】（归根结柢）

【鬼哭狼嚎】（鬼哭狼嗥）

【浑水摸鱼】（混水摸鱼）

【骄奢淫逸】（骄奢淫佚）

【摩拳擦掌】（磨拳擦掌）

【盘根错节】（蟠根错节）

【披星戴月】（披星带月）

【杀一儆百】（杀一警百）

【死心塌地】（死心踏地）

【铤而走险】（挺而走险）

【乌七八糟】（污七八糟）

【无动于衷】（无动于中）

【五彩缤纷】（五采缤纷）

【五劳七伤】（五痨七伤）

【小题大做】（小题大作）

【信口开河】（信口开合）

【秀外慧中】（秀外惠中）

【一锤定音】（一槌定音）

【义无反顾】（义无返顾）

【原原本本】（源源本本、元元本本）

【再接再厉】（再接再砺）

【正经八百】（正经八摆）

【指手画脚】（指手划脚）

另一种情况是："国家标准未做规定的，以推荐词形立目并做注解，注解后加'也作某'"。下面，我们从《现代汉语词典》中选出两组异形成语，了解一下如何区分推荐词形和非推荐词形：

【故步自封】

比喻安于现状，不求进步（故步：走老步子；封：限制住）。也作固步自封。

【固步自封】同"故步自封"。

【流言蜚语】风传的话；没有根据的话：散布~。也作流言飞语。

【流言飞语】同"流言蜚语"。

上面这两组异形成语,并未收入《第一批异形词整理表》,《现代汉语词典》也给出了推荐词形:有注解的"故步自封""流言蜚语"是推荐词形,无注解的"固步自封""流言飞语"是非推荐词形。当我们书写国家标准未做规定的异形成语,如果拿不定主意写哪个词形时,最好查一下《现代汉语词典》,只要词条后面有注解的,就是推荐词形。

4.随意改变成语的词形

成语是中华民族的宝贵文化遗产,经过长期传承,已经形成了约定俗成的词形。我们书写成语时应该抱着一种敬畏之心,不要随意改变成语的词形。

当然,成语在传承的过程中也会与时俱进,词形也会发生一些变化的,例如"每况愈下"原来应写作"每下愈况",后来以讹传讹,被写成"每况愈下",形容情况越来越糟,现在这种写法已经习非成是,约定俗成了;又如:"揠苗助长","揠"是拔起的意思,是个文言词,比较生僻,于是,就有写成"拔苗助长"的,现在这两个词形并行于世；再如"莫名其妙"这个成语的"名"是说明的意思，不太好理解，于是，又衍生出"莫明其妙"，这里的"明"是理解的意思，现在这两个成语都可以从词典中查到，意思也大同小异；还有一条成语"唾手可得"，"唾手"是向手心吐一口唾沫，常出现在劳动或某些体育运动时，有开始用力之意，"唾手可得"是用这个下意识的动作比喻稍加努力便可得到或取得成功。"唾手"可能令人费解，于是，又衍生出"垂手可得"，"垂手"，下垂双手，是说不用动手就可以得到。这些成语不同的词形都得到了社会的认可，在词典中也可以查到。

还有一种情况，成语书写者明知成语的正确写法，却为了达到某种特殊的表达效果，故意临时改变词形，如："严寒到了，煤厂开足马力生产，以解居民燃'煤'之急。"这里，把"燃眉之急"的"眉"改成了"煤"；又如："这个人素质太差，骂人的话不离口，真是出口成'脏'。"这里把"出口成章"的"章"改成了"脏"；再如："望洋兴叹"这个成语，人们在使用时经常会根据文章内容换掉"洋"字：自嘲无钱买房时，就写成"望'楼'兴叹"，自叹买不起好车时，又写成"望'车'兴叹"。其实这种改动本来是没有必要的，因为"望洋"的意思并不是"望着海洋"而是抬头向上看的样子，但是，这种一次性的词形改动，可以使文章显得幽默、生动，因为在改动的地方加了引号，不能算写错了成语；但是，另一种改动成语词形的情况就值得商榷了，如有些广告的策划者为了吸引眼球，故意将成语中原有的字用同音字或近音字代替：止咳药的广告把"刻不容缓"，写成"咳不容缓"，灭蚊药的广告把"默默无闻"写成"默默无蚊"。这样做，借助深入人心的成语能使广告给人留下深刻印象，过目不忘，但在媒体上长时间大量播放这种广告，会使人特别是青年学生逐渐淡忘成语的规范写法和正确含义，对传承优秀的中华文化是很不利的。这种恶搞成语的现象已经引起人们的忧虑，在人们认真书写成语尚且难以保证百分之百正确的情况下，一定要善待成语，杜绝乱改成语的现象。

三 切忌用错

有些成语容易用错，归纳起来，有以下几种情况：

1. 不理解成语的含义

要想正确使用成语，就要准确地把握成语的本义，还要了解成语的引申义和比喻义，否则就容易用错，请看下面的例子：

【不刊之论】

不能改动或不可磨灭的言论，无须改动的好文章，形容言论精当，无懈可击。"刊"是形声字，从刀，干声。本义是用刀削去竹简上刻错的文字，进行修改。随着造纸术的发明和书写用具的改变，"刊"的这个含义已经被人们淡忘，有些人就望文生义，把"刊"理解为刊登的意思，"不刊之论"就成了不能刊登的言论。这样一来，就会把写得不好的文章说成是"不刊之论"，正好与这个成语的意思相反了。

【差强人意】

原指还算能振奋人们的意志。"差(chā)"，稍微；"强"，振奋。《后汉书·吴汉传》："光武曰：'吴公差强人意，隐若一敌国矣！'"现在表示大体上能使人满意，还说得过去。有些人把"差"理解为"不好、不够标准"的意思，于是认为这个成语的意思是"不如人意"，或"不能令人满意"，这样理解就错了。

【七月流火】

有些人认为指的是七月天气炎热，像流动的火一样。前几年报纸上曾有一篇分析经济形势的文章说："七月流火，高温引爆了今年的夏日经济。"而实际上这个成语的含义恰恰相反，指的是暑热开始减退。"七月流火"这个成语出自《诗经·豳风·七月》:"七月流火,九月授衣。"意思是七月"大火星"逐渐偏西,天气渐渐凉了,九月该缝制寒衣了。"七月流火"的"火",是星宿名,指心宿,而不是烈日炎炎的意思。这里的七月是农历七月,刚过了最炎热的季节。

【明日黄花】

这个成语出自宋代苏轼《九日次韵王巩》诗:"相逢不用忙归去,明日黄花蝶也愁。"黄花,就是菊花,古人多在重阳节赏菊,如果等到"明日",过了节令的菊花即将枯萎,不但人观之没有什么兴味,连蝴蝶也会发愁的。后来多用来比喻过时的或失去现实意义的事物,而不是指未来的东西。有人不理解这个成语的意思,就造出一个"昨日黄花"的成语,认为昨日的黄花才是过时的,其实这是一种误解,今日重阳节是赏菊的正日子,到了明天,随着时间推移,菊花自然就不鲜艳了,而昨日的菊花可能还没到最佳观赏时间呢,所以使用这个成语时,要了解它的含义,不要擅自改变词形。

【始作俑者】

《孟子·梁惠王上》记载：孔子反对用俑殉葬，"仲尼曰：'始作俑者，其无后乎！'为其象人而用之也。"意思是最早用偶人殉葬的人，大概不会有后代，因为用像人形的俑随葬。俑，古代殉葬品，用木头或泥土制作的偶像。后比喻恶劣先例的开创者。如果把这个成语用在一切先例的创始者身上就错了。如"鲁迅先生是现代版画艺术的始作俑者"这句话应改为"鲁迅先生是现代版画艺术的开创者"。

【万人空巷】

家家户户的人都从街巷里出来，致使街巷都空了。出自宋代苏轼《八月十七日复登望海楼》诗："赖有明朝看潮在，万人空巷斗新妆。"多用来形容庆祝、欢迎等盛况。如果这样造句："这些天大家都宅在家里看世界杯足球大赛直播，达到了万人空巷的程度。"把"万人空巷"理解成人们从街巷回到家里，街上冷冷清清，和成语的原义就完全相反了。

【文不加点】

形容写文章很快，一气呵成，不须删改。"点"，古人写文章在字的右上角涂上一点，表示删去。"点"不是标点，"加点"不要理解为加上标点的意思。"他写文章经常文不加点，使人不好断句"这句话的毛病就是把"文不加点"错误地理解为"写文章不加标点"了。

【栩栩如生】

形容形象生动逼真，跟活的一样。"栩栩"，形容生动活泼的样子；"如生"，像活的一样。这个成语只能用在没有生命的物体上，如"徐悲鸿所画的奔马栩栩如生"，如果用在活人身上就错了，例如："这场话剧太精彩了，每个演员都演得栩栩如生。"演员本来就是活人，还怎么"如生"呢？

2. 不了解成语词义的演变

每一条成语都有固定的含义。很多成语形成的年代久远，随着时间推移，有的成语含义发生了演变，现在的词义与成语的原义已经不同，如果还用原义来理解成语，使用时就会出

现错误,如:

【长袖善舞】

这个成语出自《韩非子·五蠹》:"鄙谚曰:'长袖善舞,多钱善贾。'此言多资之易为工也。"比喻做事有所凭借,就容易成功。现在,多用来形容有财势、有手腕的人善于钻营取巧,含贬义。如:"他为人长袖善舞,难怪才入行几年就已经成为业界的龙头老大了。"

【对簿公堂】

这个成语过去指在公堂上受审问。"对簿",受审问;"公堂",旧指官吏审理案件的地方。但是现在这个成语的词义发生了变化,人们一般认为"对簿公堂"就是打官司,即原告和被告在法庭上根据诉状核对事实,如:"既然矛盾已经到了不可调和的地步,那就只好对簿公堂了。"现在,我们如果再按"受审问"的意思来造句,就会造成误解。

【空穴来风】

这个成语出自宋玉《风赋》:"臣闻于师,枳句来巢,空穴来风。""枳"读 zhǐ,落叶灌木或小乔木,"句"读gōu,弯曲。这是宋玉引用他的老师屈原的话:因为枳树弯曲,树枝上常招引鸟儿筑巢,由于有空的洞穴,才引来了风。比喻消息和传说不是完全没有原因的,但是现在人们多用了与其相反的意思,用来比喻消息和传说毫无根据,如:"网上关于进口奶粉也有质量问题的传言并非空穴来风。"

【美轮美奂】

这个成语本来是形容房屋高大众多,宏伟壮丽。"轮"是高大的意思,"奂"是众多的意思。如:"新建成的住宅区高楼林立,美轮美奂。"现在,这个成语的使用范围扩大了,《现代汉语词典》"美轮美奂"的释义中就说"也形容装饰、布置等美好漂亮",《现代汉语规范词典》中"美轮美奂"释义的第二个义项是"美好绝妙",用法举例:"美轮美奂的水中芭蕾""会客厅布置得美轮美奂"。由此可见,"美轮美奂"已经不局限于形容房屋了。

3.没有分清成语的褒贬色彩

有些成语有褒贬之分,有时,两个成语所表

述的事物从表面看似乎有些相近，但实际上却有着褒贬的区别，比如形容两个人关系好，如果是聪明人爱惜聪明人，可以说"惺惺惜惺惺"，含褒义；而两个人有相同的坏思想和习气而彼此合得来，就应用含贬义的成语"臭味相投"。又如赞美人善于言辞，可以说"妙语连珠"，含褒义；而能把虚假言辞说得十分动听，就应用含贬义的"巧舌如簧"。在语言实践中，切实掌握成语的褒贬义，对于增强语言的准确性与鲜明性具有重要的作用。如果褒贬错位，把含褒义的成语用在坏人身上，而把含贬义的成语用在好人身上，就会影响语义的表达。如"大义凛然""蔚然成风""集腋成裘""从容不迫"都是含褒义色彩的成语；"虚张声势""夸夸其谈""无孔不入""肆无忌惮"都是贬义色彩的成语。

下面列举一些分别含有褒贬色彩的成语：

【不孚众望】

不能使众人信服；不能达到众人所期望的那样。含贬义，与"不负众望"的意义恰好相反。

【不负众望】

不辜负众人的期望。含褒义,与"不孚众望"的意义恰好相反。

【重整旗鼓】

指失败之后,重新集合力量再干。含褒义。

【处心积虑】

形容长期谋划,费尽心机。含贬义。

【蠢蠢欲动】

比喻敌人准备进攻或坏人策划破坏活动。"蠢蠢",形容虫子爬动的样子,含贬义。

【凤毛麟角】

凤凰的毛,麒麟的角,比喻极为稀少而宝贵的人才和事物,含褒义。

【满城风雨】

形容事情传遍各处,到处都在议论着,多指坏事,含贬义。

【倾巢而出】

巢里的鸟全部出来,比喻全部出动,含贬义。

【趋之若鹜】

像鸭子一样,成群地跑过去,多比喻许多

人争着去追逐（不好的事物），含贬义。

【叹为观止】

赞美所看到的事物好到了极点。含褒义。

【无所不为】

没有什么事不干,指什么坏事都干。含贬义,不能用于表示对人非常关心。

【无微不至】

没有一处细微的地方没有考虑到,形容关怀、照顾得非常周到细致。含褒义。

【有口皆碑】

"碑"指刻记着功业的石碑,这个成语的意思是人人的嘴都是记载着功业的碑,比喻人人称颂。含褒义。

4.没有分清成语的使用对象

有些成语在使用时是有特定对象的,如果使用的对象错了,就会影响意思的表达,如有些成语是谦辞,只能用在自己身上,有些成语是敬语,应该用在对方身上；有些成语可以用在一般人身上,有些成语只能用在夫妻身上；有些成语是形容人的,有些成语是形容事的。

我们使用成语的时候一定要分清使用的对象。

下面一些成语的使用对象都是不正确的：

（1）我们要发扬不耻下问的精神，虚心向专家学者请教。

点评："不耻下问"指不以向地位比自己低、知识比自己少的人请教为耻。不可以用在身份、学识与自己相仿或比自己高的人身上。

（2）你放心，这件事我一定会鼎力相助的。

点评："鼎力相助"的意思是大力相助，是敬语。"鼎力"，大力。多用于求人相助时的客气话："我今天来就是请您鼎力相助的。"只用于对方或他人，不可用于自己，否则就显得太不谦虚了。

（3）王老师勤勤恳恳，日理万机，在教坛上默默奉献了30年。

点评："日理万机"的意思是每天要处理成千上万的事情，形容政务繁忙。"机"，事务，特指政事。这个成语多用在高级领导人身上。如果把"日理万机"用在普通人身上就属于大词小用了。

（4）办公室的几个同事的关系很好，大家在一起和和睦睦，相敬如宾。

点评："相敬如宾"的意思是互相尊敬，就像对待宾客一样。只用于夫妻之间，常与"举案齐眉"连用。用在无夫妻关系的人身上就错了。

（5）听说厂里的篮球队在全市运动会上勇夺冠军，大家都拍手称快。

点评："拍手称快"的意思是拍着手喊痛快，多用来形容仇恨得到消除，正义得到伸张或事情的结局使人感到满意的心情。如："看到罪犯被绳之以法，大家都拍手称快。"不能用于形容一般的欢快的场面。

（6）最近监管的力度稍差一点，冒牌货就又东山再起了。

点评："东山再起"，东晋谢安辞官后隐居会稽东山，四十岁以后复出，官至司徒。后泛指失势后重新得势。这个成语只能用来说人，不能用来说事物。

（7）新开的超市面积很大，各种商品汗牛充栋。

点评:"汗牛充栋",意思是拉运书籍的时候,牛会累得出汗,堆放书籍的时候,会一直堆到屋顶。形容藏书非常多,不能形容其他物品。

(8)父子失散了二十多年,最近终于破镜重圆了。

点评:"破镜重圆",比喻失散或离异的夫妻重新团圆。不能用在其他人身上。

(9)入伏以来,烈日当空,如火如荼,人们都躲在屋里不敢出来。

点评:"如火如荼",形容气氛热烈,气势旺盛。不能用来形容气候。

(10)在讨论如何加强体育锻炼的会上,同学们络绎不绝地提出了很多建议。

点评:"络绎不绝",前后接连不断。形容车马行人来往频繁,不能用来形容发言者一个接一个。

(11)这篇文章写得非常精彩,真可以说是鬼斧神工。

点评:"鬼斧神工",鬼神所造,非人力所为。形容建筑、雕塑等技艺高超奇妙。不能用来形容文章写得精彩。

（12）你在这方面知道的比大家多，那就由你先抛砖引玉吧。

点评："抛砖引玉"的意思是抛出廉价的砖，引来珍贵的玉，比喻说出自己粗浅的意见引出别人的高论。是对自己言论的一种谦虚的说法，不能把别人的发言说成是"抛砖引玉"。

（13）买我店红木家具，让您家蓬荜增辉。

点评：这是一则模拟的家具广告。"蓬荜"是用蓬草、树枝等做成的门，指穷人所住的房屋。"蓬荜增辉"的意思是使简陋的房屋增添光辉，用来称谢宾客来访或题赠书画等，是谦辞。把顾客的家称为"蓬荜"，就显得对顾客太不敬了。

5. 出现语义重复现象

使用成语的时候应注意与句子中其他词语的搭配，在意思上要避免重复。例如："忍俊不禁"，意思是忍不住要发笑。使用时如果说"她忍俊不禁地笑了起来"，意思就重复了。"忍俊不禁"意思是"忍不住要发笑"，后面就不能再用"笑起来";又如:"遍体鳞伤",意思是浑身都是伤痕,像鱼鳞一样密,形容伤势严重。使用时如果说"全身被打得遍体鳞伤",就属于用词重复了,因为"遍体"与"全身"意思一样。

下面再举一些语义重复的例子:

(1)在旧社会,劳苦大众民不聊生。

点评:"民不聊生",老百姓失去赖以生存的条件。"劳苦大众"与"民不聊生"的"民"重复了。

(2)要想改善环境,目前当务之急是减少污染物的排放。

点评:"当务之急",指当前急需办理的事,没有必要再加上"目前"。

(3)他是个孑然一身的单身汉。

点评:"孑然一身",指孤身一人,与"单身汉"重复。

(4)往事历历在目,出现在眼前。

点评:"历历在目",一个一个清清楚楚地出现在眼前,与"出现在眼前"重复。

(5)他的歌唱得不错,但跟专业演员相比,就显得相形见绌了。

点评:"相形见绌",跟另一人或事物比较起来显得远远不如,前面再加上"显得",就重复了。

6. 出现语法错误

由于成语的词义和词性不同,在句子中的语法功能也不同,有的可以作谓语,有的只能作定语,有的能带宾语,有的不能带宾语,等等。下面举一些使用成语时出现语法错误的例子:

(1)大家已经司空见惯随地吐痰的现象了。

点评:"司空见惯"一般充当谓语,不带宾语。可以改成"对于随地吐痰的现象大家已经司空见惯了。"

(2)只见横幅上龙飞凤舞着几个大字。

点评:"龙飞凤舞"不能带宾语。可以改成"只见横幅上几个大字写得龙飞凤舞"。

(3)不应该求全责备一个人的缺点。

点评:"求全责备"不能带宾语,可以改成"对一个人,不应该求全责备"。

(4)我们学校和名校相比还有很大差距,

望其项背都很难。

点评:"望其项背",能够望到前面人的颈项和背脊。表示赶得上或比得上。多用于否定式。可以改成:"我们学校和名校相比还有很大差距,难以望其项背。"多用于否定式的成语还有"同日而语""相提并论""吹灰之力""等量齐观""等闲视之""善罢甘休""一概而论"等。

(5)公园里开满了姹紫嫣红的海棠花,鲜艳极了。

点评:定语"姹紫嫣红"与中心词"海棠花"不搭配,"姹紫嫣红",形容各种颜色的花卉艳丽、好看,海棠花只是一种花,一种颜色,不能用"姹紫嫣红"来形容。

(6)我们应该肝胆相照地与群众打成一片。

点评:"肝胆相照"不能作状语。这句话可以改成"我们应该与群众肝胆相照"或"我们应该成为与群众肝胆相照的朋友"。

(7)领导三令五申地强调要厉行节约,杜绝浪费。

点评:"三令五申"不能作状语。可以改成"领导已经三令五申,要厉行节约,杜绝浪费。"

(8)他的油画、水墨画都大名鼎鼎。

点评:"大名鼎鼎"不能作谓语,多作定语。可以改成"他是大名鼎鼎的画家,擅长油画、水墨画。"

(9)天上乌云密布,下起了狂风暴雨。

点评:动词与宾语不搭配。下起了暴雨可以,但不能下起了狂风。可以改为"天上乌云密布,刮起了狂风,下起了暴雨。"

(10)他在学校里整天不学无术,考试怎能取得好成绩呢?

点评:"不学无术"的意思是没有学问,没有能力,"学"是名词,不能当动词用。可以改为"他在学校里整天不好好学习,考试怎能取得好成绩呢?"

第七讲

成语游戏

一 猜猜谜

这是一个谜语游乐场,每条谜语都要你猜出一条成语,试试你的智慧吧!

(一)单字谜面,每个字猜一条四字成语:
1. 八　2. 泵　3. 不　4. 斤　5. 聋

6. 皿　7. 闹　8. 票　9. 仨　10. 炭

11. 雪　12. 亚　13. 爪　14. 知　15. 主

16. 骡

(二) 双字谜面，每个词语猜一条四字成语：

1. 伴唱　2. 猜谜　3. 彩电　4. 穿针

5. 地雷　6. 海地　7. 汗衫　8. 合唱

9. 虎啸　10. 谎话　11. 记者　12. 剪彩

13. 九寸　14. 巨木　15. 开闸　16. 礼花

17. 淋浴　18. 煤球　19. 瀑布　20. 卧倒

21. 五指　22. 心算　23. 鸳鸯　24. 胜景

25. 吞声

(三) 三字谜面，每个词语猜一条四字成语：

1. 冲奶粉　2. 打边鼓　3. 打手势

4. 照镜子　5. 发面团　6. 放大镜

7. 哈哈镜　8. 笼中鸟　9. 弥勒佛

10. 跷跷板　11. 全错啦　12. 西游记

13. 差不多 14. 垃圾桶 15. 冠亚军
16. 交响乐 17. 上下铺 18. "7.5"

（四）四字谜面，每个词语猜一条四字成语：

1. 暴雨来临   2. 边吃边呕   3. 变杭为航
4. 变奏为春   5. 伯乐相马   6. 曹植吟诗
7. 嫦娥曼舞   8. 春蚕吐丝   9. 老驴拉磨
10. 大江东去   11. 单口相声   12. 洞中筵席
13. 缝补衣服   14. 关羽赴宴   15. 航班正常
16. 结巴说话   17. 举重比赛   18. 军事论文
19. 口传家书   20. 半身照片   21. 脸谱全集
22. 零存整取   23. 装聋作哑   24. 楼下客满
25. 马路新闻   26. 逆水划船   27. 爬山比赛
28. 螃蟹上街   29. 全面开荒   30. 缺货通知
31. 失物招领   32. 食堂搬家   33. 双手赞成
34. 松龄鹤寿   35. 昙花一现   36. 糖果广告
37. 唐僧的书   38. 突然袭击   39. 图穷匕见
40. 外贸协定   41. 文艺轻骑   42. 文字改革
43. 相片底板   44. 鹦鹉学舌   45. 愚公之家

46. 原地踏步　47. 张飞穿针　48. 结婚照相

49. 只许批评　50. 最新记录　51. 选美大赛

（五）五字谜面，每个词语猜一条四字成语：

1. 赤橙绿蓝紫　2. 擀面杖吹火

3. 后浪推前浪　4. 货郎担上街

5. 刻木头图章　6. 娄阿鼠问卦

7. 谜语真难猜　8. 骑兵踩地雷

9. 千里通电话　10. 书里的蛀虫

11. 四十八小时　12. 夏天发疟子

13. 阎王出告示　14. 眼药说明书

15. 一共五句话　16. 种瓜不卖瓜

17. 乔装上舞台　18. 悟空翻筋斗

（六）多字谜面，每个词语猜一条四字成语：

1. 百年松当柴烧　2. 绸缎上绣牡丹

3. 鲁智深当和尚　4. 万尺高空跳伞

5. 越猜越不对头　6. 化学性能稳定

7. 全国戏曲汇演　8. 有阳光便发芽

9. 剪不断，理还乱　10. 讲课总是老一套

11. 七除以二等于几　12. 生产必须出正品

13. 手拿谜语猜不出　14. 第一个冲刺以后

15. 朝辞白帝，暮到江陵

16. 猴王出世，玉帝心忧

17. 马跑千里，雁入云霄

18. 千年松树，五月芭蕉

19. 一手拿针，一手拿线

20. 七分加八分等于一千元

21. 心往一处想，路往一处走

22. 车马炮出击，将士相助战

23. 欲穷千里目，更上一层楼

24. 窥头于牖，施尾于堂，

　　叶公见之，面色如土

二 填填空

第二游乐场的这些题目是要考考你对成语有多少了解，争取全答对吧！

1. 下列成语中互为反义词的是（ ）与（ ），（ ）与（ ），（ ）与（ ）。

　　A. 爱财如命　B. 众说纷纭　C. 爱不释手
　　D. 异口同声　E. 弃若敝屣　F. 挥金如土

2. 下列成语中互为反义词的是（ ）与（ ），（ ）与（ ），（ ）与（ ）。

　　A. 半途而废　B. 坚持不懈　C. 高瞻远瞩
　　D. 一丝不苟　E. 鼠目寸光　F. 粗心大意

3. 下列成语中互为反义词的是（ ）与（ ），（ ）与（ ），（ ）与（ ）。

　　A. 固若金汤　B. 雪中送炭　C. 遗臭万年
　　D. 锦上添花　E. 流芳百世　F. 危如累卵

4.下列成语中互为反义词的是（　）与（　），（　）与（　），（　）与（　）。

　　A.指鹿为马　B.伶牙俐齿　C.精雕细刻

　　D.点石成金　E.粗制滥造　F.笨嘴拙舌

5."扬汤止沸"和"釜底抽薪"这两个成语分别指（　）。

　　A.比喻只顾眼前；比喻一步到位。

　　B.比喻办法不彻底；比喻认真解决问题。

　　C.比喻办法不彻底；比喻一步到位。

　　D.比喻只顾眼前；比喻认真解决问题。

6.下列成语中与三国蜀汉无关的是（　）、（　）和（　）。

　　A.鞠躬尽瘁　B.卧薪尝胆　C.破釜沉舟

　　D.乐不思蜀　E.图穷匕见　F.三顾茅庐

7.下列成语中与姓赵的两个历史人物有关的是（　）和（　）。

　　A.负荆请罪　B.闻鸡起舞　C.黄袍加身

D. 纸上谈兵   E. 入木三分   F. 完璧归赵

8. 下列成语中与"楚汉相争"有关的是（　）和（　）。

　　A. 神机妙算   B. 项庄舞剑   C. 破釜沉舟
　　D. 一鼓作气   E. 入木三分   F. 完璧归赵

9. 下列成语中与岳飞有关的是（　）和（　）。
　　A. 草木皆兵   B. 围魏救赵   C. 退避三舍
　　D. 南征北战   E. 精忠报国   F. 直捣黄龙

10. 以下成语描写秋景的是（　）和（　）。
　　A. 莺歌燕舞   B. 莲叶满池   C. 金桂飘香
　　D. 枝繁叶茂   E. 天高云淡

11. 以下成语中与蔺相如有关的是（　）和（　）。
　　A. 刻舟求剑   B. 铁杵成针   C. 望梅止渴
　　D. 完璧归赵   E. 四面楚歌   F. 负荆请罪
　　G. 瞒天过海   H. 悬梁刺股

12. "完璧归赵"是发生在战国时期的（　）故事。

A. 历史　B. 神话　C. 寓言

13. "毛遂自荐"是说毛遂为维护国家利益而推荐自己担当重任的故事。当时有四位公子号称战国四公子，他们是魏国信陵君、赵国平原君、齐国孟尝君和楚国春申君。毛遂是其中（　）手下的门客。

A. 魏国信陵君　B. 赵国平原君
C. 齐国孟尝君　D. 楚国春申君

14. "鸡鸣狗盗"说的是齐国孟尝君带领几个门客逃离秦国，一个门客装狗叫躲过了卫兵的注意，使得秦王释放了孟尝君。另一个门客学公鸡打鸣，骗取关门大开，帮助孟尝君过关。后来人们用"鸡鸣狗盗"形容微不足道的小本领或是一些不正当的小伎俩。孟尝君最后逃离秦国的那个关口是（　）。

A. 雁门关　B. 娘子关　C. 函谷关　D. 潼关

15."黄粱美梦"出自唐代李泌的《枕中记》,说的是姓卢的书生在一个小旅店向道士诉苦,道士给了他一个枕头,说睡上一觉,一切都能满意了。一路劳顿的卢生枕着这个枕头,很快就睡着了。梦中他娶妻生子,还当了大官,活到八十多岁。等醒来时,旅店里灶火上蒸的高粱米饭还没熟呢。后来人们就用"黄粱美梦"形容不能实现的梦想。卢生睡觉做梦的小旅店是在( )。

A. 长安　B. 洛阳　C. 商丘　D. 邯郸

16."名列前茅"的本义可以有三种解释,一种说是楚国的军队行军时,走在最前面的士兵高举着长矛,一旦发现前面有敌情就晃动长矛,向后边的队伍发出信号。另一种解释是最前面的士兵高举的是长长的茅草。还有一种解释说"茅"是"旄"的通假字,这里的"茅"就是指"一种用牦牛尾巴装饰的旗帜"。请问,你觉得哪一种解释是正确的?

A. 长矛　B. 茅草　C. 旗帜

17. "鹏程万里"的典故出自（　）。
A.《庄子》　B.《史记》
C.《新序》　D.《资治通鉴》

18. 文与可是成语故事（　）里的人物。
A. 胸有成竹　B. 程门立雪　C. 得陇望蜀

19. "胸有成竹"的故事发生在（　）时期。
A. 北宋　B. 唐朝　C. 明朝　D. 南宋

20. "不刊之论"的意思是（　）。
A. 不可刊登的文章　B. 不可改动的文章

21. 成语"成也萧何,败也萧何"中的"萧何"是（　）。
A. 西汉时的名相　B. 南北朝时的诗人
C. 宋代的名将　　D. 明代的商人

22. 下面成语中都有"假"字，其中（　）里的"假"字是"借用"的意思。

A. 弄虚造假 B. 狐假虎威
C. 假仁假义 D. 假戏真做

23. "惶恐滩头说惶恐，零丁洋里叹零丁。人生自古谁无死，留取丹心照汗青。"出自文天祥的《过零丁洋》。零丁洋在（　）。
   A. 黄河口 B. 长江口
   C. 闽江口 D. 珠江口

24. 陶渊明《杂诗》最后四句是"盛年不重来，一日难再晨。及时当勉励，岁月不待人"，意思是趁着年富力强之时勉励自己，光阴流逝，不等待人。下面哪条成语不属于珍惜时间刻苦学习的成语。（　）
   A. 焚膏继晷 B. 牛角挂书（囊萤映雪）
   C. 秉烛夜游 D. 悬梁刺股

25. "窈窕淑女，君子好逑"出自（　）。
   A.《诗经》 B.《史记》 C. 唐诗

26.当年越王勾践"卧薪尝胆"的故事发生在今天的（　）。

　A.苏州　B.杭州　C.湖州　D.绍兴

27."八仙过海,各显神通"是个神话传说,其中的"八仙"包括（　）。

　A.何仙姑　B.三仙姑　C.麻姑　D.妈祖

28.成语"差强人意"的意思是（　）。

　A.很好,特别棒　B.不好,很差

　C.不错,还凑合

29.成语"短兵相接"里的"兵",意思是(　)。

　A.兵士　B.兵器　C.兵车　D.部队

30.成语"身在曹营心在汉"说的是三国时期（　）的故事。

　A.关羽　B.徐庶　C.蒋干　D.庞统

31.成语故事"纸上谈兵"说的是(　)的故事。

　A.蔺相如　B.廉颇　C.赵括　D.荆轲

32. 成语"寿比南山"中的"南山"指的是（ ）。

A.湖南省衡山　B.山西省绵山

C.陕西省终南山　D.浙江省会稽山

33. 成语"群贤毕至"出自（ ）。

A.《前出师表》　B.《兰亭集序》

C.《木兰辞》　D.《前赤壁赋》

34. 成语"趋之若鹜"的"鹜"指的是（ ）。

A.大雁　B.天鹅　C.野鸭

35. 成语"雨雪霏霏"出自我国最早的一部诗集，即（ ）。

A.《诗经》　B.《离骚》　C.《春秋》

36. "图穷匕首见"故事的主人公叫荆轲，燕太子丹在易水为荆轲饯行，有歌曰："风萧萧兮易水寒"，易水在今天的（ ）。

A.河北省　B.山西省　C.陕西省

37."八仙过海，各显神通"是个神话传说。下面人物中（　）不属于"八仙"。

　　A. 张果老　B. 吕洞宾　C. 刘伶

38."才高八斗"的原意是东晋诗人谢灵运赞誉（　）的才华过人。

　　A. 屈原　B. 司马相如　C. 曹植

39."邯郸学步"的邯郸是战国时(　)的首都。

　　A. 燕国　B. 赵国　C. 韩国　D. 魏国

40."望梅止渴"说的是（　）用故事帮助士兵止渴。

　　A. 袁绍　B. 曹操　C. 周瑜　D. 诸葛亮

41. 下面6条成语中，（　）（　）（　）（　）跟战国时期的赵国有关。

　　A. 负荆请罪　B. 一鼓作气　C. 鸡鸣狗盗

　　D. 纸上谈兵　E.. 胡服骑射　F.. 价值连城

42. 成语"集思广益"原文是"集众思,广忠益",出自(　)的著作。

A. 司马迁　B. 曹操　C. 孔融　D. 诸葛亮

43. "囊萤映雪"讲的是(　)刻苦读书的故事。

A. 孔子和老子　B. 车胤和孙康

C. 韩信和岳飞

44. 成语"闻鸡起舞"说的是(　)时期祖逖的故事。

A. 东汉　B. 东晋　C. 南北朝

45. 智叟是成语故事(　)里的人物。

A. 愚公移山　B. 夸父追日　C. 精卫填海

46. "沉鱼落雁"本是形容(　)的美貌的。

A. 西施、貂蝉　B. 西施、王嫱

C. 貂蝉、王嫱

47. 成语"八公山上,草木皆兵"与下面成语中的（　）有密切关联。

A.官渡之战　B.赤壁之战　C.淝水之战

48."不亦乐乎"出自（　）。
A.《诗经》　B.《尚书》　C.《论语》

49."空穴来风"本来的意思是（　）。
A.有根据的传言　B.无根据的传言

50.下面成语中，（　）组全都源于历史故事而不是寓言。

A.狡兔三窟　脱颖而出　刻舟求剑

B.完璧归赵　望梅止渴　郑人买履

C.滥竽充数　杯弓蛇影　叶公好龙

D.鸡鸣狗盗　围魏救赵　纸上谈兵

51."一言既出"的后半句是（　）。
A.言而有信　B.驷马难追　C.覆水难收

52."杏林春满"故事中讲的人物是（　）。
A..华佗　B..张仲景　C..董奉

53. 与"声东击西"这个成语意思相近的成语是（　）。
　　A.指桑骂槐　B.打草惊蛇　C.出其不意

54. "叶公好龙"是一篇寓言故事,出自（　）。
　　A.西汉刘向《新序》
　　B.西汉司马迁《史记》
　　C.北宋司马光《资治通鉴》

55. "七步成诗"的故事人物是（　）。
　　A.曹操和曹丕　B.曹操和曹植
　　C.曹丕和曹植

56. "一孔之见"的"孔",意思是（　）。
　　A.孔子　B.孔融　C.小洞

57. 成语"虎踞龙盘"原是指（　）的地理形势。
　　A.武昌　B.九江　C.南昌　D.南京

58. 旧时"三姑六婆"多指不务正业的妇女,

最初的意思是指"尼姑、道姑、卦姑"和"牙婆、媒婆、稳婆、药婆、虔婆、师婆"。其中的"稳婆"就是（　）。

A．接生婆　B．奶妈　C．看护婴儿的保姆

59．"河清海晏"是说河水清澈，大海平静，比喻国家政治开明，社会安定。其中"河"特指（　）。

A．黄河　B．汾河　C．渭河

三　挑挑错

有不少成语容易写错，还有不少成语容易读错。这个游乐场希望你能把成语中的错别字挑出来，还希望你能正确地读出这些成语。试试你能不能顺利过关！

（一）挑出下列成语中的错别字

走头无路　毛骨耸然　病入膏盲　各行其事
言简意该　无是生非　始作蛹者　心无旁鹜
再接再励　相形见拙　破斧沉舟　高屋建岭

万马齐暗　迫不急待　大稚若愚　守株代兔
良秀不齐　百废具兴　暴珍天物　烂竽充数
独挡一面　沽名钩誉　变本加利　坛花一现
天花乱堕　举旗不定　如火如荼　趋之若鹜
搬门弄斧　纵横俾阖　裨官野史　刚腹自用
遮天避日　完壁归赵　明辩是非　秉性难移
针贬时弊　按步就班　得不尝失　趁心如意
一愁莫展　上窜下跳　戳力同心　惮精竭虑
偷机倒把　豺狼挡道　中流抵柱　虎视耽耽
莫明其妙　受益非浅　阴谋鬼计　混水摸鱼
嘎然而止　杯盘狼籍　招之既来　丰功伟迹
草管人命　貌和神离　宽洪大量　轰堂大笑
候门似海　汗流夹背　迥然不同　前踞后恭
精兵减政　烩灸人口　功亏一篑　味同嚼腊
一枕黄梁　望风披糜　如法泡制　怙恶不俊
强努之末　风尘扑扑　一杯黄土　卑躬曲膝
向偶而泣　篷荜生辉　方柄圆凿　喜上眉稍

（二）正确读出成语中带点的字

屡见不鲜　鲜为人知　不亦乐乎　只言片语

家喻户晓	入不敷出	风声鹤唳	一曝十寒
退避三舍	大腹便便	睚眦必报	风流倜傥
倾国倾城	浑身解数	纵横捭阖	载歌载舞
杀彘教子	沉瀣一气	混淆是非	杞人忧天
弹冠相庆	唾手可得	按捺不住	淮橘为枳
博闻强识	管中窥豹	洁身自好	力能扛鼎
暴虎冯河	否极泰来	虚与委蛇	余勇可贾
没齿不忘	强人所难	乳臭未干	心广体胖
古为今用	敲诈勒索	刚毅木讷	相形见绌
向隅而泣	徇私舞弊	涸辙之鲋	一蹴而就
瞠目结舌	厝火积薪	饿殍遍野	觥筹交错
恪尽职守	奴颜婢膝	人声鼎沸	循规蹈矩
自惭形秽	惩前毖后	诲人不倦	既往不咎
龙潭虎穴	麻痹大意	面目可憎	体无完肤
涂脂抹粉	呱呱坠地	间不容发	量体裁衣
屏气敛息	忍俊不禁	自怨自艾	鬼鬼祟祟
图穷匕首见		窈窕淑女，君子好逑	

四　说说看

下面这些问题都是跟成语有关的，你能回答上来多少呢？

（一）说出以下成语括号里的动物：

（　）（　）呈祥　　（　）（　）无声

（　）（　）为奸　　（　）（　）不宁

（　）（　）之劳　　（　）（　）同眠

（　）（　）之师　　（　）（　）相争

指（　）为（　）　　（　）腾（　）跃

（　）立（　）群　　（　）飞（　）舞

（　）歌（　）舞　　（　）头（　）尾

（　）假（　）威　　（　）吞（　）咽

（　）死（　）悲　　（　）鸣（　）盗

（　）背（　）腰　　（　）啸（　）啼

（　）丝（　）迹　　（　）零（　）碎

（　）年（　）月　　（　）肚（　）肠

（　）踞（　）盘　　攀（　）附（　）

（二）说出以下成语括号内的植物：

拔（　）助长　　借（　）献佛

滚（　）烂熟　　望（　）止渴

枯（　）逢春　　天女散（　）

火中取（　）　　胸有成（　）

囫囵吞（　）　　雨后春（　）

春（　）秋（　）　出水（　）（　）

（　）田（　）下　（　）（　）不言

披（　）斩（　）　（　）暗（　）明

（三）说出以下成语括号内的兵器：

折（　）沉沙　　单（　）匹马

当头（　）喝　　心如（　）绞

归心似（　）　　剑拔（　）张

琴心（　）胆　　鸟尽（　）藏

枕（　）待旦　　大刀阔（　）

图穷（　）见　　有的放（　）

一（　）两断　　一（　）双雕

（　）志不渝　　大动（　）（　）

（四）说出以下成语的后两个字：

虎视（　　）　虎口（　　）　虎背（　　）

虎头（　　）　虎落（　　）　龙潭（　　）

龙盘（　　）　龙腾（　　）　生龙（　　）

降龙（　　）　为虎（　　）　狼吞（　　）

（五）说出以下成语括号内的颜色词：

（　）面獠牙　　（　）云苍狗　　（　）一万顷

漆（　）一团　　（　）杏出墙　　（　）手起家

（　）天（　）日　　桃（　）柳（　）

酒（　）灯（　）　　（　）男（　）女

苍松（　）柏　　　　（　）（　）不接

（　）水（　）山　　（　）璧微瑕

（　）气东来　　　　（　）（　）皂（　）

（六）说出以下成语括号内的叠字：

虎视（　　）　　来势（　　）

生机（　　）　　（　　）皆是

（　　）有神　　（　　）自喜

小心（　　）　　天网（　　）

战战（　）　（　）兢兢

林林（　）　（　）我我

影影（　）　郁郁（　）

（　）艾艾　（　）攘攘

唯唯（　）　沸沸（　）

轰轰（　）　吞吞（　）

（七）说出以下成语中包含的地名：

（　）学步　　（　）纸贵

（　）自大　　（　）分明

乐不思（　）　得（　）望（　）

（　）沙数　　朝（　）暮（　）

暗度（　）　　福如（　）

寿比（　）　　直捣（　）

（八）说出以下八字成语的后半句：

八仙过海，（　　　　　）

百尺竿头，（　　　　　）

百足之虫，（　　　　　）

饱食终日，（　　　　　）

不入虎穴，（　　　　　　　）

差之毫厘，（　　　　　　　）

成事不足，（　　　　　　　）

城门失火，（　　　　　　　）

当局者迷，（　　　　　　　）

放下屠刀，（　　　　　　　）

韩信将兵，（　　　　　　　）

呼之即来，（　　　　　　　）

苦海无边，（　　　　　　　）

己所不欲，（　　　　　　　）

江山易改，（　　　　　　　）

将欲取之，（　　　　　　　）

金玉其外，（　　　　　　　）

近朱者赤，（　　　　　　　）

鞠躬尽瘁，（　　　　　　　）

老鼠过街，（　　　　　　　）

两虎相争，（　　　　　　　）

流水不腐，（　　　　　　　）

麻雀虽小，（　　　　　　　）

明修栈道，（　　　　　　　）

逆水行舟,(　　　　　)

宁为鸡口,(　　　　　)

宁为玉碎,(　　　　　)

皮之不存,(　　　　　)

千军易得,(　　　　　)

千里之堤,(　　　　　)

千里之行,(　　　　　)

前人栽树,(　　　　　)

前事不忘,(　　　　　)

取之不尽,(　　　　　)

人而无信,(　　　　　)

人同此心,(　　　　　)

人无远虑,(　　　　　)

日月经天,(　　　　　)

（九）说出以下八字成语的前半句：

(　　　　　),走为上计

(　　　　　),两天晒网

(　　　　　),死于安乐

(　　　　　),其实难副

（　　　　），收之桑榆

（　　　　），百年树人

（　　　　），弃之可惜

（　　　　），逆之者亡

（　　　　），五谷不分

（　　　　），可以攻玉

（　　　　），黄雀在后

（　　　　），下自成蹊

（　　　　），疏而不漏

（　　　　），同气相求

（　　　　），脚痛医脚

（　　　　），只欠东风

（　　　　），无本之木

（　　　　），意在沛公

（　　　　），闻者足戒

（　　　　），用兵一时

（　　　　），一波又起

（　　　　），万夫莫开

（　　　　），鸡犬升天

（　　　　），如隔三秋

(　　　　　),驷马难追

(　　　　　),不见泰山

(　　　　　),满盘皆输

(　　　　　),以牙还牙

(　　　　　),无则加勉

(　　　　　),必有一得

(　　　　　),何患无辞

(　　　　　),渔翁得利

(　　　　　),存乎一心

(　　　　　),言无不尽

(　　　　　),不见森林

(　　　　　),不可言传

(　　　　　),种豆得豆

(　　　　　),必有勇夫

(　　　　　),智者见智

(十)按要求说成语:

(1)说出10条以"一"开头的成语(如"一如既往")。

(2)说出10条以"不"开头的成语(如"不

亦乐乎")。

（3）说出10条带同义词的成语（如"天翻地覆"）。

（4）说出10条带反义词的成语（如"嘘寒问暖"）。

（5）说出10条源自寓言的成语（如"画蛇添足"）。

（6）说出10条源自历史故事的成语（如"万事俱备，只欠东风"）。

（7）说出10条形容女子美貌的成语（如"面若桃花"）。

（8）说出10条形容风景的成语（如"曲径通幽"）。

（9）说出10条形容刻苦读书的成语（如"囊萤映雪"）。

（10）说出10条形容才华出众的成语（如"才高八斗"）。

五　对对联

对联是很好玩的文字游戏。它要求上下联的字数相等，同样位置的字词要词性相同，最好声调的平仄还能相对。比如"天"对"地"，"雨"对"风"，"忠厚传家久"对"诗书继世长"。本游乐场要求上下联都是成语，比如用"精卫填海"作上联，可以用"愚公移山"作下联；用"寡廉鲜耻"作上联，可以用"博学多闻"作下联。好玩吧？

（一）为下列成语对出下联

心里有鬼 ——（　　　　　）

守株待兔 ——（　　　　　）

枪林弹雨 ——（　　　　　）

寻根究底 ——（　　　　　）

无孔不入 ——（　　　　　）

有条有理 ——（　　　　　）

抛砖引玉 ——（　　　　　）

手无寸铁 ——（　　　　）

风吹草动 ——（　　　　）

排山倒海 ——（　　　　）

水中捞月 ——（　　　　）

苦中作乐 ——（　　　　）

寥寥无几 ——（　　　　）

小心翼翼 ——（　　　　）

绳锯木断 ——（　　　　）

望梅止渴 ——（　　　　）

指鹿为马 ——（　　　　）

改邪归正 ——（　　　　）

阳奉阴违 ——（　　　　）

狗仗人势 ——（　　　　）

（二）为下列成语对出上联

（　　　　）—— 三思而行

（　　　　）—— 纸醉金迷

（　　　　）—— 锦上添花

（　　　　）—— 蚂蚁缘槐

（　　　　）—— 顺水推舟

（　　　　）——顺藤摸瓜

（　　　　）——源远流长

（　　　　）——茹苦含辛

（　　　　）——趾高气扬

（　　　　）——沐雨栉风

（　　　　）——海晏河清

（　　　　）——起承转合

（　　　　）——昂首挺胸

（　　　　）——呆若木鸡

（　　　　）——独占鳌头

（　　　　）——左右逢源

（　　　　）——急管繁弦

（　　　　）——量体裁衣

（　　　　）——罄竹难书

（　　　　）——水到渠成

六 巧提炼

很多成语都是从古人的诗文里提炼出来的,请你来试试,从下面的每一句话里找出一条成语来!

1. 今之为仁者,犹以一杯水救一车薪之火也。(《孟子》)
2. 士不可以不弘毅,任重而道远。(《论语》)
3. 汝虽打草,吾已惊蛇!(唐·段成式《酉阳杂俎》)
4. 不徐不疾,得之于手而应于心。(《庄子》)
5. 虽鞭之长,不及马腹。(《左传》)
6. 不吹毛而求小疵,不洗垢而察难知。(《韩非子》)
7. 我于彼前,皆现其身,而为说法,令其成就。(《楞严经》)
8. 君之所以明者,兼听也;其所以暗者,偏信也。(汉·王符《潜夫论》)
9. 欲觉闻晨钟,令人发深省。(唐·杜甫《游

龙门奉先寺》)

10. 世谓李林甫口有蜜,腹有剑。(《资治通鉴》)

11. 今人有过,不喜人规,如护疾而忌医,宁灭其身而无悟也。(宋·周敦颐《周通子书》)

12. 还似旧时游上苑,车如流水马如龙,花月正春风。(五代·李煜《忆江南》)

13. 春宵一刻值千金,花有清香月有阴。(宋·苏轼《春夜》)

14. 吾有卿之名而无其实。(《国语》)

15. 无楚韩之患,则大王高枕而卧,国必无忧矣。(《战国策》)

16. 左眄澄江湘,右盼定羌胡。(晋·左思《咏史》)

17. 见义不为,无勇也。(《论语》)

18. 萧王推赤心置人腹中,安得不投死乎?(《后汉书》)

19. 出于其类,拔乎其萃。(《孟子》)

20. 夫子循循然善诱人。(《论语》)

21. 夫战,勇气也。一鼓作气,再而衰,三而竭。(《左传》)

22. 里谚曰："欲投鼠而忌器。"此善谕也。(《汉书》)

23. 墙头马上遥相顾,一见知君即断肠。(唐·白居易《井底引银瓶》)

24. 夫吴人与越人相恶也,当其同舟而济,遇风,其相救也如左右手。(《孙子》)

25. 和其光,同其尘。(《老子》)

26. 天下熙熙,皆为利来;天下壤壤,皆为利往。(《史记》)

27. 二人同心,其利断金;同心之言,其臭如兰。(《周易》)

28. 历历开元事,分明在眼前。(唐·杜甫《历历》)

29. 公等碌碌,所谓因人成事者也。(《史记》)

30. 垂示三首,风云吐于行间,珠玉生于字里。(梁·简文帝《答新渝候和诗书》)

31. 陛下用群臣如积薪耳,后来者居上。(《史记》)

32. 如水益深,如火益热。(《孟子》)

33. 使遂蚤得处囊中,乃颖脱而出。(《史记》)

34. 瞻前而顾后兮,相观民之计极。(《楚辞》)

35. 方蜀汉相攻,权在将军,举足左右,便有轻重。(《后汉书》)

36. 刑者侀也,侀者成也,一成而不可变。(《礼记》)

37. 韩氏所以不入于秦者,欲嫁其祸于赵也。(《史记》)

38. 后遂无问津者。(晋·陶潜《桃花源记》)

39. 夫所以养而害所养,譬犹削足而适履,杀头而便冠。(《淮南子》)

40. 夫参署者,集众思,广忠益也。(《三国志》)

七 填空格

成语填格游戏也挺好玩的,在空格中填上适当的字,使得每个横行成为一条成语:

一			
两			
三			
四			
五			
六			
七			
八			
九			
十			
百			
千			
万			

		一	
		二	
		三	
		四	
		五	
		六	
		七	
		八	
		九	
		十	
		百	
		千	
		万	

			德
			智
			体
			美

全			
面			
发			
展			

			语
			文
			政
			治
			地
			理
			物
			理
			美
			术

数			
学			
外			
语			
历			
史			
化			
学			
文			
体			

花			
	花		
		花	
			花

			草
		草	
	草		
草			

306　　　　　　　　　　　　奇妙的成语世界

树			
	树		
		树	
			树

			木
		木	
	木		
木			

与			
人			
为			
善			

见			
义			
勇			
为			

振			
兴			
中			
华			

移			
风			
易			
俗			

倾			
	国		
		倾	
			城

			花
		容	
	月		
貌			

第七讲 成语游戏 307

圆			
梦			
中			
国			

			世
			界
			和
			平

东			
南			
西			
北			

			人
			杰
			地
			灵

	三		四
	三		四
	三		四
	三		四

七		八	
七		八	
七		八	
七		八	

白			
日			
依			
山			
尽			

黄			
河			
入			
海			
流			

奇妙的成语世界

欲			
穷			
千			
里			
目			

更			
上			
一			
层			
楼			

	言		语
	言		语
	言		语
	言		语
	言		语
	言		语
	言		语
	言		语
	言		语
	言		语

	天		地
	天		地
	天		地
	天		地
	天		地
	天		地
	天		地
	天		地
	天		地
	天		地

			成
			语
			天
			地

欢			
乐			
无			
穷			

八 练接龙

成语接龙又叫百花联珠,是大家都喜欢的成语游戏。请你在括号内填写一条成语,使得前后成语首尾是同一个字。可有一样,不能用同音字代替,例如"不亦乐乎、呼之欲出、初出茅庐",这就不算数啦!

(一)三条接龙

1. 承前启后( )人山人海
2. 山清水秀( )中饱私囊
3. 只言片语( )长袖善舞
4. 言归于好( )长生不老
5. 鹬蚌相争( )后继有人
6. 拨云见日( )长吁短叹
7. 牛头马面( )花天酒地
8. 一鼓作气( )河清海晏
9. 马到成功( )没齿不忘
10. 水落石出( )地大物博

11. 忘乎所以（　　　）石破天惊

12. 云蒸霞蔚（　　　）风平浪静

13. 艰苦奋斗（　　　）扬眉吐气

14. 心平气和（　　　）财大气粗

15. 不即不离（　　　）德高望重

16. 有目共睹（　　　）情深义重

17. 脚踏实地（　　　）荒诞不经

18. 物是人非（　　　）马瘦毛长

19. 出人意料（　　　）神来之笔

20. 流星赶月（　　　）人杰地灵

（二）四条接龙

1. 手到擒来（　　　　）

   （　　　　　）外强中干

2. 春暖花开（　　　　）

   （　　　　　）秀外慧中

3. 才高八斗（　　　　）

   （　　　　　）木已成舟

4. 芸芸众生（　　　　）

   （　　　　　）面授机宜

5. 不遗余力（　　　　　）

（　　　　　）放虎归山

6. 接二连三（　　　　　）

（　　　　　）思前想后

7. 同心协力（　　　　　）

（　　　　　）水到渠成

8. 万水千山（　　　　　）

（　　　　　）中流砥柱

9. 春暖花开（　　　　　）

（　　　　　）尽善尽美

10. 一心一意（　　　　　）

（　　　　　）强弩之末

11. 自高自大（　　　　　）

（　　　　　）为虎作伥

12. 东奔西走（　　　　　）

（　　　　　）语无伦次

13. 急中生智（　　　　　）

（　　　　　）意气风发

14. 南腔北调（　　　　　）

（　　　　　）秀外慧中

奇妙的成语世界

15. 四海为家（　　　　　）

（　　　　　）牢不可破

16. 百里挑一（　　　　　）

（　　　　　）开天辟地

17. 亡羊补牢（　　　　　）

（　　　　　）舟车劳顿

18. 自告奋勇（　　　　　）

（　　　　　）继往开来

19. 海阔天空（　　　　　）

（　　　　　）成人之美

20. 月落星沉（　　　　　）

（　　　　　）毛遂自荐

（三）五条接龙

1. 岁月如流（　　　　　）（　　　　　）

（　　　　　）发扬光大

2. 大快人心（　　　　　）（　　　　　）

（　　　　　）接踵而来

3. 来日方长（　　　　　）（　　　　　）

（　　　　　）怪力乱神

4. 来历不明（　　　　）（　　　　）

（　　　　）长驱直入

5. 长治久安（　　　　）（　　　　）

（　　　　）飞沙走石

6. 石破天惊（　　　　）（　　　　）

（　　　　）深藏不露

7. 心直口快（　　　　）（　　　　）

（　　　　）国富民强

8. 强本节用（　　　　）（　　　　）

（　　　　）怪力乱神

9. 神出鬼没（　　　　）（　　　　）

（　　　　）怨天尤人

10. 守株待兔（　　　　）（　　　　）

（　　　　）海阔天空

11. 缘木求鱼（　　　　）（　　　　）

（　　　　）外强中干

12. 原原本本（　　　　）（　　　　）

（　　　　）胆大包天

13. 昆山片玉（　　　　）（　　　　）

（　　　　）山清水秀

14. 事倍功半（　　　　）（　　　　）
（　　　　）理屈词穷

15. 旅进旅退（　　　　）（　　　　）
（　　　　）攻无不克

16. 燃眉之急（　　　　）（　　　　）
（　　　　）乱七八糟

17. 火上浇油（　　　　）（　　　　）
（　　　　）耳鬓厮磨

18. 一文不名（　　　　）（　　　　）
（　　　　）众所周知

19. 如鱼得水（　　　　）（　　　　）
（　　　　）收视反听

20. 沉鱼落雁（　　　　）（　　　　）
（　　　　）地大物博

（四）更长接龙

接龙长度是没有限度的，例如上一组的第20则，可以将"沉鱼落雁……地大物博"继续接下去——博大精深、深入浅出、出头露面、面壁思过、过犹不及、及时行乐、乐不思蜀、蜀犬吠日、日月入怀、怀才不遇、遇事生风、风度翩翩、翩翩起舞、舞弊营私、私心杂念、念念不忘、忘年之好、好事成双、双喜临门、门当户对、对酒当歌、歌舞升平、平心静气……，这样无限地接续下去。

参考答案

一 猜猜谜

(一) 单字谜面

1. 公而忘私　　2. 水落石出　　3. 一口否定
4. 独具匠心　　5. 充耳不闻　　6. 一针见血
7. 门庭若市　　8. 闻风而起　　9. 与众不同
10. 头重脚轻　11. 天花乱坠　12. 有口难言
13. 瓜熟蒂落　14. 矢口不移　15. 一往无前
16. 非驴非马

(二) 双字谜面

1. 随声附和　　2. 耐人寻味　　3. 有声有色
4. 无孔不入　　5. 一触即发　　6. 土洋结合
7. 一衣带水　　8. 异口同声　　9. 一鸣惊人

10. 华而不实　11. 有闻必录　12. 一刀两断

13. 得寸进尺　14. 水到渠成　15. 放任自流

16. 五彩缤纷　17. 首当其冲　18. 一团漆黑

19. 高山流水　20. 五体投地　21. 三长两短

22. 胸中有数　23. 无独有偶　24. 不败之地

25. 自食其言

（三）三字谜面

1. 水乳交融　2. 旁敲侧击　3. 不言而喻

4. 惟妙惟肖　5. 自高自大　6. 显而易见

7. 相映成趣　8. 有翅难飞　9. 笑口常开

10. 此起彼伏　11. 一无是处　12. 聚精会神

13. 大同小异　14. 藏污纳垢　15. 数一数二

16. 异曲同工　17. 床上加床　18. 七上八下

（四）四字谜面

1. 雷厉风行　2. 吞吞吐吐　3. 木已成舟

4. 改天换日　5. 独具慧眼　6. 一气呵成

7. 两袖清风　8. 作茧自缚　9. 周而复始

10. 川流不息　11. 自言自语　12. 坐吃山空

奇妙的成语世界

13. 穿针引线　14. 单刀直入　15. 有机可乘
16. 一言难尽　17. 斤斤计较　18. 纸上谈兵
19. 言而无信　20. 有头无尾　21. 面面俱到
22. 积少成多　23. 不闻不问　24. 后来居上
25. 道听途说　26. 力争上游　27. 捷足先登
28. 横行霸道　29. 不留余地　30. 言之无物
31. 待人接物　32. 另起炉灶　33. 多此一举
34. 各有千秋　35. 好景不长　36. 甜言蜜语
37. 一本正经　38. 不宣而战　39. 锋芒毕露
40. 出口成章　41. 载歌载舞　42. 删繁就简
43. 颠倒黑白　44. 人云亦云　45. 开门见山
46. 停滞不前　47. 粗中有细　48. 一拍即合
49. 妙不可言　50. 史无前例　51. 以貌取人

（五）五字谜面

1. 青黄不接　2. 一窍不通　3. 滔滔不绝
4. 招摇过市　5. 入木三分　6. 做贼心虚
7. 百思不解　8. 人仰马翻　9. 遥相呼应
10. 咬文嚼字　11. 日日夜夜　12. 不寒而栗
13. 鬼话连篇　14. 引人注目　15. 三言两语

16. 自食其果　　17. 粉墨登场　　18. 一步登天

（六）多字谜面

1. 大材小用　　2. 锦上添花　　3. 半路出家

4. 一落千丈　　5. 想入非非　　6. 难解难分

7. 南腔北调　　8. 来日方长　　9. 千头万绪

10. 屡教不改　　11. 不三不四　　12. 不可造次

13. 执迷不悟　　14. 接二连三　　15. 一日千里

16. 石破天惊　　17. 远走高飞　　18. 粗枝大叶

19. 望眼欲穿　　20. 一刻千金　　21. 志同道合

22. 按兵不动　　23. 高瞻远瞩　　24. 活龙活现

二　填填空

1. A 与 F、B 与 D、C 与 E

2. A 与 B、C 与 E、D 与 F

3. A 与 F、B 与 D、C 与 E

4. A 与 D、B 与 F、C 与 E

5. C　　　　6. B、C、E

7. C、D　　　8. B、C

9.E、F　　10.C、E

11.D、F　　12.A　　13.B

14.C　　15.D　　16.C

17.A　　18.A　　19.A

20.B　　21.A　　22.B

23.D　　24.C　　25.A

26.D　　27.A　　28.C

29.B　　30.B　　31.C

32.C　　33.B　　34.C

35.A　　36.A　　37.C

38.C　　39.B　　40.B

41.A、D、E、F　　42.D

43.B　　44.B　　45.A

46.B　　47.C　　48.C

49.A　　50.D　　51.B

52.C　　53.A　　54.A

55.C　　56.C　　57.B

58.D　　59.A

三 挑挑错

(一)挑出下列成语中的错别字

走投无路	毛骨悚然	病入膏肓	各行其是
言简意赅	无事生非	始作俑者	心无旁骛
再接再厉	相形见绌	破釜沉舟	高屋建瓴
万马齐喑	迫不及待	大智若愚	守株待兔
良莠不齐	百废俱兴	暴殄天物	滥竽充数
独当一面	沽名钓誉	变本加厉	昙花一现
天花乱坠	举棋不定	如火如荼	趋之若鹜
班门弄斧	纵横捭阖	稗官野史	刚愎自用
遮天蔽日	完璧归赵	明辨是非	禀性难移
针砭时弊	按部就班	得不偿失	称心如意
一筹莫展	上蹿下跳	戮力同心	殚精竭虑
投机倒把	豺狼当道	中流砥柱	虎视眈眈
莫名其妙	受益匪浅	阴谋诡计	浑水摸鱼
戛然而止	杯盘狼藉	招之即来	丰功伟绩
草菅人命	貌合神离	宽宏大量	哄堂大笑
侯门似海	汗流浃背	迥然不同	前倨后恭

奇妙的成语世界

精兵简政　脍炙人口　功亏一篑　味同嚼蜡
一枕黄粱　望风披靡　如法炮制　怙恶不悛
强弩之末　风尘仆仆　一抔黄土　卑躬屈膝
向隅而泣　蓬荜生辉　方枘圆凿　喜上眉梢

（二）正确读出成语中带点的字

鲜 xiān；鲜 xiǎn；乐 lè；只 zhī；

喻 yù；敷 fū；唳 lì；曝 pù；舍 shè；

便便 piánpián；睚眦 yázì；

倜傥 tìtǎng；倾 qīng；解 xiè；

捭阖 bǎihé；载 zài；炙 zhì；

沆瀣 hàngxiè；混淆 hùnxiáo；

杞 qǐ；弹冠 tánguān；唾 tuò；

捺 nà；枳 zhǐ；识 zhì；窥 kuī；

好 hào；扛 gāng；冯 píng；否 pǐ；

委蛇 wēiyí；贾 gǔ；没 mò；强 qiǎng；

臭 xiù；胖 pán；为 wéi；勒 lè；

讷 nè；绌 chù；隅 yú；徇 xùn；

涸 hé；蹴 cù；瞠 chēng；厝 cuò；

殍 piǎo；觥 gōng；恪 kè；婢膝 bìxī；

沸 fèi；矩 jǔ；秽 huì；惩 chéng；
诲 huì；咎 jiù；穴 xué；痹 bì；
憎 zēng；肤 fū；脂 zhī；呱呱 gūgū；
发 fà；量 liàng；屏 bǐng；禁 jīn；
艾 yì；祟祟 suìsuì；匕 bǐ；
窈窕 yǎotiǎo；好 hǎo

四　说说看

（一）

龙凤呈祥　鸦雀无声　狼狈为奸　鸡犬不宁
犬马之劳　猫鼠同眠　虎狼之师　鹬蚌相争
指鹿为马　龙腾虎跃　鹤立鸡群　龙飞凤舞
莺歌燕舞　虎头蛇尾　狐假虎威　狼吞虎咽
兔死狐悲　鸡鸣狗盗　虎背熊腰　虎啸猿啼
蛛丝马迹　鸡零狗碎　猴年马月　鼠肚鸡肠
虎踞龙盘　攀龙附凤

（二）

拔苗助长　借花献佛　滚瓜烂熟　望梅止渴
枯木逢春　天女散花　火中取栗　胸有成竹

囫囵吞枣　雨后春笋　春兰秋菊　出水芙蓉
瓜田李下　桃李不言　披荆斩棘　柳暗花明

（三）

折戟沉沙　单枪匹马　当头棒喝　心如刀绞
归心似箭　剑拔弩张　琴心剑胆　鸟尽弓藏
枕戈待旦　大刀阔斧　图穷匕见　有的放矢
一刀两断　一箭双雕　矢志不渝　大动干戈

（四）

虎视眈眈　虎口余生　虎背熊腰　虎头蛇尾
虎落平川　龙潭虎穴　龙盘虎踞　龙腾虎跃
生龙活虎　降龙伏虎　为虎作伥　狼吞虎咽

（五）

青面獠牙　白云苍狗　一碧万顷　漆黑一团
红杏出墙　白手起家　青天白日　桃红柳绿
酒绿灯红　红男绿女　苍松翠柏　青黄不接
绿水青山　白璧微瑕　紫气东来　青红皂白

（六）

虎视眈眈　来势汹汹　生机勃勃　比比皆是
炯炯有神　沾沾自喜　小心翼翼　天网恢恢
战战兢兢　浑浑噩噩　林林总总　卿卿我我
影影绰绰　郁郁葱葱　期期艾艾　熙熙攘攘
唯唯诺诺　沸沸扬扬　轰轰烈烈　吞吞吐吐

（七）

邯郸学步　洛阳纸贵　夜郎自大　泾渭分明
乐不思蜀　得陇望蜀　恒河沙数　朝秦暮楚
暗度陈仓　福如东海　寿比南山　直捣黄龙

（八）

八仙过海，各显神通　百尺竿头，更进一步
百足之虫，死而不僵　饱食终日，无所用心
不入虎穴，焉得虎子　差之毫厘，失之千里
成事不足，败事有余　城门失火，殃及池鱼
当局者迷，旁观者清　放下屠刀，立地成佛
韩信将兵，多多益善　呼之即来，挥之即去
苦海无边，回头是岸　己所不欲，勿施于人

江山易改，禀性难移　将欲取之，必先予之
金玉其外，败絮其中　近朱者赤，近墨者黑
鞠躬尽瘁，死而后已　老鼠过街，人人喊打
两虎相争，必有一伤　流水不腐，户枢不蠹
麻雀虽小，五脏俱全　明修栈道，暗度陈仓
逆水行舟，不进则退　宁为鸡口，不为牛后
宁为玉碎，不为瓦全　皮之不存，毛将焉附
千军易得，一将难求　千里之堤，溃于蚁穴
千里之行，始于足下　前人栽树，后人乘凉
前事不忘，后事之师　取之不尽，用之不竭
人而无信，不知其可　人同此心，心同此理
人无远虑，必有近忧　日月经天，江河行地

(九)

三十六计，走为上计　三天打鱼，两天晒网
生于忧患，死于安乐　盛名之下，其实难副
失之东隅，收之桑榆　十年树木，百年树人
食之无味，弃之可惜　顺之者昌，逆之者亡
四体不勤，五谷不分　他山之石，可以攻玉
螳螂捕蝉，黄雀在后　桃李不言，下自成蹊

天网恢恢，疏而不漏　同声相应，同气相求
头痛医头，脚痛医脚　万事俱备，只欠东风
无源之水，无本之木　项庄舞剑，意在沛公
言者无罪，闻者足戒　养兵千日，用兵一时
一波未平，一波又起　一夫当关，万夫莫开
一人得道，鸡犬升天　一日不见，如隔三秋
一言既出，驷马难追　一叶障目，不见泰山
一着不慎，满盘皆输　以眼还眼，以牙还牙
有则改之，无则加勉　愚者千虑，必有一得
欲加之罪，何患无辞　鹬蚌相争，渔翁得利
运用之妙，存乎一心　知无不言，言无不尽
只见树木，不见森林　只可意会，不可言传
种瓜得瓜，种豆得豆　重赏之下，必有勇夫
仁者见仁，智者见智

（十）
（答案略）

五 对对联

（一）为下列成语对出下联

心里有鬼——目中无人

守株待兔——缘木求鱼

枪林弹雨——火海刀山

寻根究底——溯本求源

无孔不入——有机可乘

有条有理——无法无天

抛砖引玉——点铁成金

手无寸铁——胸有成竹

风吹草动——水落石出

排山倒海——推波助澜

水中捞月——雪上加霜

苦中作乐——忙里偷闲

寥寥无几——绰绰有余

小心翼翼——大腹便便

绳锯木断——水滴石穿

望梅止渴——画饼充饥

指鹿为马——点石成金

改邪归正——弃暗投明

阳奉阴违——貌合神离

狗仗人势——狐假虎威

（二）为下列成语对出上联

一言为定——三思而行

灯红酒绿——纸醉金迷

雪中送炭——锦上添花

蚍蜉撼树——蚂蚁缘槐

见风使舵——顺水推舟

按图索骥——顺藤摸瓜

根深蒂固——源远流长

餐风饮露——茹苦含辛

眉飞色舞——趾高气扬

披星戴月——沐雨栉风

天昏地暗——海晏河清

抑扬顿挫——起承转合

扬眉吐气——昂首挺胸

动如脱兔——呆若木鸡

奇妙的成语世界

平分秋色——独占鳌头

内外交困——左右逢源

轻歌曼舞——急管繁弦

削足适履——量体裁衣

屈指可数——罄竹难书

瓜熟蒂落——水到渠成

六　巧提炼

1. 杯水车薪　　2. 任重道远　　3. 打草惊蛇

4. 得心应手　　5. 鞭长莫及　　6. 吹毛求疵

7. 现身说法　　8. 兼听则明，偏听则暗

9. 发人深省　　10. 口蜜腹剑　　11. 讳疾忌医

12. 车水马龙　　13. 一刻千金　　14. 有名无实

15. 高枕无忧　　16. 左顾右盼　　17. 见义勇为

18. 推心置腹　　19. 出类拔萃　　20. 循循善诱

21. 一鼓作气　　22. 投鼠忌器　　23. 墙头马上

24. 同舟共济　　25. 和光同尘　　26. 熙熙攘攘

27. 金兰之好　　28. 历历在目　　29. 因人成事

30. 字里行间　　31. 后来居上　　32. 水深火热

33. 脱颖而出 34. 瞻前顾后 35. 举足轻重

36. 一成不变 37. 嫁祸于人 38. 无人问津

39. 削足适履 40. 集思广益

七　填空格

一	箭	双	雕
两	全	其	美
三	令	五	申
四	通	八	达
五	谷	丰	登
六	神	无	主
七	零	八	落
八	仙	过	海
九	牛	一	毛
十	拿	九	稳
百	无	聊	赖
千	锤	百	炼
万	无	一	失

一	唱	一	和
一	穷	二	白
两	面	三	刀
五	湖	四	海
四	分	五	裂
三	头	六	臂
七	擒	七	纵
四	面	八	方
三	教	九	流
一	目	十	行
身	经	百	战
一	诺	千	金
千	秋	万	代

同	心	同	**德**
见	仁	见	**智**
浑	然	一	**体**
成	人	之	**美**

全	心	全	意
面	授	机	宜
发	人	深	省
展	翅	高	飞

快	人	快	**语**
一	纸	空	**文**
各	自	为	**政**
天	下	大	**治**
广	阔	天	**地**
言	之	有	**理**
暴	殄	天	**物**
伤	天	害	**理**
成	人	之	**美**
不	学	无	**术**

数	不	胜	数
学	以	致	用
外	强	中	干
语	重	心	长
历	历	在	目
史	无	前	例
化	险	为	夷
学	而	不	厌
文	过	饰	非
体	无	完	肤

花	团	锦	簇
五	**花**	八	门
春	暖	**花**	开
妙	笔	生	**花**

奇	花	异	**草**
风	吹	**草**	动
打	**草**	惊	蛇
草	木	皆	兵

树	碑	立	传
铁	**树**	开	花
百	年	**树**	人
蚍	蜉	撼	**树**

移	花	接	**木**
呆	若	**木**	鸡
入	**木**	三	分
木	已	成	舟

与	虎	谋	皮
人	云	亦	云
为	所	欲	为
善	有	善	报

见	微	知	著
义	不	容	辞
勇	**往**	直	前
为	富	不	仁

振	振	有	词
兴	风	作	浪
中	流	砥	柱
华	而	不	实

移	山	填	海
风	起	云	涌
易	如	反	掌
俗	不	可	耐

倾	肠	倒	腹
忧	**国**	忧	民
一	见	**倾**	心
价	值	连	**城**

闭	月	羞	**花**
间	不	**容**	发
七	**月**	流	火
貌	不	惊	人

奇妙的成语世界

圆	凿	方	枘
梦	想	成	真
中	流	击	楫
国	计	民	生

英	名	盖	世
大	千	世	界
政	通	人	和
天	下	太	平

东	施	效	颦
南	辕	北	辙
西	风	残	照
北	面	称	臣

下	里	巴	人
英	雄	豪	杰
经	天	纬	地
冥	顽	不	灵

朝	三	暮	四
颠	三	倒	四
说	三	道	四
推	三	阻	四

七	扭	八	歪
七	拼	八	凑
七	零	八	落
七	上	八	下

白	手	起	家
日	积	月	累
依	山	傍	水
山	珍	海	味
尽	善	尽	美

黄	梁	美	梦
河	清	海	晏
入	木	三	分
海	阔	天	空
流	连	忘	返

欲	壑	难	填
穷	经	皓	首
千	头	万	绪
里	应	外	合
目	不	识	丁

更	深	夜	静
上	行	下	效
一	视	同	仁
层	峦	叠	嶂
楼	堂	馆	所

豪	**言**	壮	**语**
甜	**言**	蜜	**语**
花	**言**	巧	**语**
千	**言**	万	语
少	**言**	寡	**语**
不	**言**	不	**语**
风	**言**	风	**语**
闲	**言**	碎	**语**
流	**言**	蜚	**语**
自	**言**	自	**语**

惊	**天**	动	**地**
改	**天**	换	**地**
铺	**天**	盖	**地**
谢	**天**	谢	**地**
哭	**天**	抢	**地**
战	**天**	斗	**地**
昏	**天**	黑	**地**
洞	**天**	福	**地**
上	**天**	入	**地**
感	**天**	动	**地**

心	想	事	成
豪	言	壮	**语**
鼓	乐	喧	天
设	身	处	**地**

欢	蹦	乱	跳
乐	不	可	支
无	忧	无	虑
穷	则	思	变

奇妙的成语世界

八 练接龙

（一）三条接龙

1. 承前启后（后继有人）人山人海
2. 山清水秀（秀外慧中）中饱私囊
3. 只言片语（语重心长）长袖善舞
4. 言归于好（好景不长）长生不老
5. 鹬蚌相争（争先恐后）后继有人
6. 拨云见日（日久天长）长吁短叹
7. 牛头马面（面若桃花）花天酒地
8. 一鼓作气（气壮山河）河清海晏
9. 马到成功（功不可没）没齿不忘
10. 水落石出（出人头地）地大物博
11. 忘乎所以（以卵击石）石破天惊
12. 云蒸霞蔚（蔚然成风）风平浪静
13. 艰苦奋斗（斗志昂扬）扬眉吐气
14. 心平气和（和气生财）财大气粗
15. 不即不离（离心离德）德高望重
16. 有目共睹（睹物生情）情深义重

17. 脚踏实地（地老天荒）荒诞不经

18. 物是人非（非驴非马）马瘦毛长

19. 出人意料（料事如神）神来之笔

20. 流星赶月（月下老人）人杰地灵

(二) 四条接龙

1. 手到擒来（来者不拒）(拒之门外）外强中干

2. 春暖花开（开门见山）(山清水秀）秀外慧中

3. 才高八斗（斗转星移）(移花接木）木已成舟

4. 芸芸众生（生离死别）(别开生面）面授机宜

5. 不遗余力（力不从心）(心花怒放）放虎归山

6. 接二连三（三思而行）(行成于思）思前想后

7. 同心协力（力争上游）(游山玩水）水到渠成

8. 万水千山（山清水秀）（秀外慧中）中流砥柱

9. 春暖花开（开门见山）（山穷水尽）尽善尽美

10. 一心一意（意气风发）（发愤图强）强弩之末

11. 自高自大（大有作为）（为所欲为）为虎作伥

12. 东奔西走（走马观花）（花言巧语）语无伦次

13. 急中生智（智勇双全）（全心全意）意气风发

14. 南腔北调（调虎离山）（山清水秀）秀外慧中

15. 四海为家（家破人亡）（亡羊补牢）牢不可破

16. 百里挑一（一诺千金）（金石为开）开天辟地

17. 亡羊补牢（牢不可破）（破釜沉舟）舟车劳顿

18. 自告奋勇（勇往直前）（前仆后继）继往开来

19. 海阔天空（空前未有）（有志竟成）成人之美

20. 月落星沉（沉鱼落雁）（雁过拔毛）毛遂自荐

（三）五条接龙

1. 岁月如流（流连忘返）（返老还童）（童颜鹤发）发扬光大

2. 大快人心（心灵手巧）（巧立名目）（目不暇接）接踵而来

3. 来日方长（长年累月）（月明星稀）（稀奇古怪）怪力乱神

4. 来历不明（明月清风）（风言风语）（语重心长）长驱直入

5. 长治久安（安步当车）（车马先行）（行走如飞）飞沙走石

6. 石破天惊（惊天动地）（地大物博）（博大精深）深藏不露

7. 心直口快（快马加鞭）（鞭辟入里）（里通外国）国富民强

8. 强本节用（用武之地）（地广人稀）（稀奇古怪）怪力乱神

9. 神出鬼没（没齿难忘）（忘乎所以）（以德报怨）怨天尤人

10. 守株待兔（兔死狐悲）（悲天悯人）（人山人海）海阔天空

11. 缘木求鱼（鱼雁往来）（来者不拒）（拒之门外）外强中干

12. 原原本本（本末倒置）（置若罔闻）（闻风丧胆）胆大包天

13. 昆山片玉（玉汝于成）（成千上万）（万水千山）山清水秀

14. 事倍功半（半路出家）（家喻户晓）（晓之以理）理屈词穷

15. 旅进旅退（退避三舍）（舍近求远）（远交近攻）攻无不克

16. 燃眉之急（急功近利）（利欲熏心）（心烦意乱）乱七八糟

17. 火上浇油（油头滑脑）(脑满肠肥）(肥头大耳）耳鬓厮磨

18. 一文不名（名扬天下）(下里巴人）(人多势众）众所周知

19. 如鱼得水（水到渠成）(成人之美）(美不胜收）收视反听

20. 沉鱼落雁（雁过拔毛）(毛手毛脚）(脚踏实地）地大物博

（四）更长接龙

（答案略）

后　记

《奇妙的成语世界——成语文化读本》终于跟广大读者见面了。本书不是成语词典，而是奇妙的成语世界的一名导游。

这是一簇典型的集体智慧的结晶。从策划内容、框架、体例、风格，到分工编写，前后有十余人参与。北京市语言文字工作委员会办公室主任贺宏志博士作为本书系的创意者、组织者，为全书的风格、品质提出了明确的指导意见。我和杨学军作为本书的主编，有幸与各位同仁合作，大家广开思路，悉心打造，使得这部书有了现在的模样。尽管有分工，但每个人都把自己想到的新招数及时通报大家，真正做到了集思广益。杨学军、赵晴撰写的《成语探源》,范燕生、王利利撰写的《成语辨误》,袁钟瑞、陈汉东、章力红整理的《成语游戏》,刘征和杜琪方也参加了该书的编写,彰显了本书的与众不同——引人入胜、解惑答疑、寓教于乐、实用备查。余彤辉虽因故未能贡献成文,却为大家无偿提供了7万余字的原始积累,令人敬服!

这是一簇典型的通力协作的结晶。既有分工,自然是各写一段,因而难免有不同角度的内容交叉。于是,就出现了这样不常见的感人现象——名家谭汝为先生携弟子奚咏梅、于晴撰写出《成语概览》和《成语魅力》,人民教育出版社副编审、年轻女学者胡晓撰写出《成语价值》。这3篇材料翔实,论证给力,自是字字珠玑,倘若单独发表,均为上等佳品。但因是本书的有机组成,为避免内容交叉,需做一些修整加工,于是诸位作者欣然将书稿一并交给李赫宇博士。赫宇尽心尽力,分析推敲,出神入化地将3篇美文改写成现在书中的前4讲"成语素描""语林奇葩""琳琅宝藏""形义流变",

不但充分保留了原作的内容、观点和风格，而且纵横捭阖，酣畅淋漓，令人难以释卷。

这是一簇典型的团队汗水的结晶。"成语游戏"由袁钟瑞、陈汉东、章力红多方搜集和苦心创作，时令正值盛夏酷暑，窃以为这是项比拼体力的简单劳动，没承想真干上了，才知道事非经过不知难，更知道了世上哪有偷巧的学问！当然，干活儿的同时逼迫着我们随时地学习，不断质疑，翻阅资料，核对正误，请教高明。活儿干完了，自身的学问也跟着看涨了！

这是一簇典型的好事多磨的结晶。当大功即将告成之时，电脑突发怪症，所存原稿和另一本书的原稿，以及半年来的其他辛勤成果都荡然无存！在下悔恨不曾留存备份，虽欲哭无泪，却求告有门——各位将手中保有的稿子和资料陆续发回，逐字逐句帮助订正，基本挽回了损失。在增长了电脑操作本领之余，庆幸本书的编写过程成就了一个团结、精干、敬业和大有作为的写作班子！

编写过程中，承蒙中国语文现代化学会

支持,本书的写作主力成了新诞生的中国语文现代化学会成语文化研究会的主要成员——首都师范大学教授杨学军任研究会首任理事长,天津师范大学教授谭汝为任研究会顾问,其他同仁皆自然成为研究会的骨干力量。我们将继续为提高国民的语言能力和语文素养而努力耕耘!

敬请广大读者对本书不足之处提出宝贵意见。

袁钟瑞

2014.12.12.记于北京